Erich Mühsam

Die Befreiung der Gesellschaft vom Staat - Was ist kommunistischer Anarchismus?

e-artnow 2018

Paul Lafargue
Das Recht auf Faulheit (Widerlegung des "Rechts auf Arbeit" von 1848)

Friedrich Engels
Der deutsche Bauernkrieg

John Henry Mackay
Büchern der Freiheit: Die Anarchisten + Der Freiheitsucher

Rosa Luxemburg
Sozialreform oder Revolution? - Miliz und Militarismus

Rosa Luxemburg
Der proletarische Massenkampf in Deutschland: Ermattung oder Kampf? + Sozialreform oder Revolution? + Die Theorie und die Praxis + Der Wiederaufbau der Internationale + Was will der Spartakusbund?...

Erich Mühsam

Die Befreiung der Gesellschaft vom Staat - Was ist kommunistischer Anarchismus?

Mühsams letzte Veröffentlichung vor seiner Ermordung

e-artnow, 2018
Kontakt: info@e-artnow.org
ISBN 978-80-268-5926-0

Inhaltsverzeichnis

Vorwort

Im Juli 1931 verbot der Berliner Polizeipräsident, der Sozialdemokrat Grzesinski, die anarchistische Zeitschrift „Fanal" auf die Dauer von vier Monaten. Das war der Monat der Bankzusammenbrüche; das Finanzkapital war am Ende seiner Künste, die Reichsregierung stoppte den Geldumlauf ab, die gesamte Unternehmerwirtschaft wurde in einem Maße erschüttert, daß die bisher gebräuchlichen politischen Methoden zur Sicherung der kapitalistischen Herrschaft nicht mehr ausreichten; der Weg zur faschistischen Diktatur wurde verbreitert, ausgewalzt und beschritten. Das Massenelend wuchs, mit ihm die Hilflosigkeit der öffentlichen Aemter, und zugleich wuchsen die Ansprüche der Industriellen und Großgrundbesitzer; die Krise wurde mit verschärftem Druck auf die Arbeiter und Erwerbslosen bekämpft, ihre Opfer mit Wahlen, Wahlen und Wahlen beschwichtigt. Die Parteien suchten im Schaden ihrer Anhänger den Nutzen ihrer Führerschaften. Eine neue Regierung, zusammengeholt aus der Erbmasse verkrachter Feudalzeiten, führte Verfassungsstreitigkeiten herauf, die Luft des Bürgerkrieges legte sich drohend auf Deutschland; alle Versuche, Druck und Verzweiflung zu bannen, alle Heilmittel, von Faschisten und Demokraten, Kirchlichen und Rechts- wie Linkssozialisten beschwörend empfohlen, kamen aus der Apotheke der Autorität. Jeder pries seinen Staat, seine Berufung zur Macht, sein autoritäres System.

Der Kampf der anarchistischen Monatsschrift „Fanal" aber gegen Zentralismus und Obrigkeit, für Freiheit und Erneuerung war unterbrochen. Nur gelegentliche Rundbriefe konnten die Freunde des Blattes verständigen, daß der Schlag, der es nach fast fünf Jahren regelmäßigen Erscheinens getroffen hatte, zwar noch nicht verwunden war, aber doch nicht tödlich gewirkt hatte. In allen diesen Rundschreiben konnte nur flüchtig auf die allgemeine Lage geblickt werden. Im übrigen waren es Bettelbriefe, um die Mittel herbeizuschaffen, die nötig waren, um den Schlafenden nicht sterben zu lassen. Als Beweis dafür jedoch, daß wir „Fanal" niemals preisgegeben haben und nicht preisgeben wollen, kündigten die Briefe das Erscheinen der Broschüre an, die den Ausfall der Zeitschrift teilweise ausgleichen sollte und die hiermit der Oeffentlichkeit übergeben sei.

Die Schrift erscheint als Sonderheft des „Fanal", um das Fortbestehen unsres Blattes zu bekunden; sie erhält zugleich den Zuschnitt einer selbständigen Werbeschrift, um ihr über den Kreis der Leser und Freunde des „Fanal" hinaus Verbreitung zu schaffen. Eine Arbeit, die als Ersatz für eine am Erscheinen verhinderte, dem Tagesgeschehen angepaßte Zeitschrift den Augenblick überdauern möchte, kann sich nur mit der Welt- und Lebensanschauung befassen, welche den Geist der Zeitschrift bestimmt hat und weiter bestimmen soll. Dem Anarchisten war also die Aufgabe gestellt, die Grundzüge seines anarchistischen Lehrgebäudes zu entwerfen. Das habe ich versucht.

Immer wieder hören wir die Frage von Personen, denen die Gedankenwelt des Anarchismus nicht vertraut ist: Was wollt ihr eigentlich? Wie stellt ihr euch eine Gesellschaft ohne Staat und Obrigkeit vor? Liegt nicht in der Bezeichnung „Kommunistischer Anarchismus" ein innerer Widerspruch? Darauf wollte ich einigermaßen umfassend und in nicht schwer verständlicher Form kurzen Bescheid geben. Den eigenen Genossen wollte ich gleichzeitig ein Bild der anarchistischen Gedankenwelt zeichnen, das jeder nach seiner Neigung ergänzen oder einschränken mag und an dessen Linien er seine Ansichten überprüfen und befestigen kann.

Auf geschichtliche Beweisführung und wissenschaftliche Unterbauung der hier vorgetragenen Gedanken habe ich verzichtet, auch davon abgesehen, ältere anarchistische Schriften zur Stützung und Vergleichung meiner Meinung heranzuziehen. Kein Gedanke wird dadurch richtiger, daß schon ein andrer ihn früher geäußert hat. Auch glaube ich, daß es der Lebendigkeit meiner Beweisführung am zuträglichsten ist, wenn ich sie ausschließlich in meine eigenen Worte fasse. Daher findet sich in der vorliegenden Arbeit kein einziges Zitat, außer dem an die Spitze gestellten Satz Wielands, der, vor 150 Jahren geschrieben, beweisen soll, wie natürlich den besten Geistern aller Zeiten anarchistische Gedankengänge sind.

Wer sich mit den Lehren des Anarchismus schon beschäftigt hat, wird neue Einsichten in dieser Broschüre kaum finden. Höchstens die bisher noch nirgends versuchte Darstellung des Rätewesens als Erfüllung anarchistischer Verwaltungsgrundsätze werde ich als selbständigen Beitrag zur Ideenwelt des freiheitlichen Sozialismus für mich in Anspruch nehmen dürfen. Im übrigen kam es mir auf die übersichtliche Zusammenfassung und die Verdeutlichung der folgerichtigen Einheitlichkeit des ganzen anarchistischen Gedankengebäudes an. Die außerordentlich reiche Literatur des Anarchismus ist eine solche übersichtliche Schrift bisher schuldig geblieben. Sie behandelt jedoch in überaus mannigfaltiger Weise die geschichtlichen, philosophischen, wirtschaftlichen, naturrechtlichen und kämpferischen Sonderfragen unter dem Gesichtspunkt autoritätsfeindlichen Denkens. Die Leser, die sich näher unterrichten wollen, seien daher eindringlich auf die im Anhang dieses Heftes zusammengestellte Literatur-Uebersicht verwiesen.

Berlin-Britz, im November 1932.

Erich Mühsam.

„Nichts von Sultanen, Wesiren, Statthaltern, Kadis, Schatzmeistern, Zollpächtern, Fakiren und Bonzen zu wissen, ist ein Glück, wovon der größte Teil der Menschheit keine Vorstellung hat.“

C. M. Wieland (Geschichte des weisen Danischmend.)

I

Das Weltbild des Anarchismus

Anarchismus ist die Lehre von der Freiheit als Grundlage der menschlichen Gesellschaft. Anarchie, zu deutsch: ohne Herrschaft, ohne Obrigkeit, ohne Staat, bezeichnet somit den von den Anarchisten erstrebten Zustand der gesellschaftlichen Ordnung, nämlich die Freiheit jedes einzelnen durch die allgemeine Freiheit. In dieser Zielsetzung, in nichts anderm, besteht die Verbundenheit aller Anarchisten untereinander, besteht die grundsätzliche Unterscheidung des Anarchismus von allen andern Gesellschaftslehren und Menschheitsbekenntnissen.

Wer die Freiheit der Persönlichkeit zur Forderung aller Menschengemeinschaften erhebt, und wer umgekehrt die Freiheit der Gesellschaft gleichsetzt mit der Freiheit aller in ihr zur Gemeinschaft verbundenen Menschen, hat das Recht, sich Anarchist zu nennen. Wer dagegen glaubt, die Menschen um der gesellschaftlichen Ordnung willen oder die Gesellschaft um der vermeintlichen Freiheit der Menschen willen unter von außen wirkenden Zwang stellen zu dürfen, hat keinen Anspruch, als Anarchist anerkannt zu werden. Die verschiedenen Ansichten über die Wege, welche die Menschen einzuschlagen haben, um zur Freiheit zu gelangen, über die Mittel, mit denen die der Freiheit widerstrebenden Kräfte zu bekämpfen und zu besiegen sind, über die endlichen Formen und Einrichtungen der freiheitlichen Gesellschaft bilden Meinungsgegensätze zwischen anarchistischen Richtungen innerhalb der gemeinsamen Weltanschauung. Ihre Vergleichung und Abwertung ist nicht Aufgabe dieser Schrift, die sich darauf beschränken will, die Grundsätze des kommunistischen Anarchismus, wie sie der Verfasser und die ihm in Ueberzeugung und Kampf am nächsten stehenden Anarchisten für richtig halten, darzulegen und der Werbung zu empfehlen.

Die wissenschaftliche Ausdeutung des Begriffs *Kommunismus* kann hier ebenfalls unterbleiben, zumal es den kommunistischen Anarchisten nicht so sehr um eine dogmatische Festlegung der Austausch- und Verbrauchsregelung der von Staat und Kapitalismus befreiten Gesellschaft zu tun ist, als um die Schaffung freiheitlicher Verhältnisse im Sozialismus an Stelle des von den Staatssozialisten, besonders von den Marxisten, angestrebten autoritären, obrigkeitlich geleiteten und zentralistisch verwalteten Sozialismus. Wir verstehen unter Kommunismus die auf Gütergemeinschaft beruhende Gesellschaftsbeziehung, die jedem nach seinen Fähigkeiten zu arbeiten, jedem nach seinen Bedürfnissen zu verbrauchen erlaubt. In dieser Wirtschaftsform glauben wir die sozialistische Grundforderung der Gleichberechtigung aller Glieder der Gesellschaft sicherer verbürgt als im Kollektivismus oder im Mutualismus, die den Anteil am gemeinsamen Erzeugnis in ein Berechnungsverhältnis zur geleisteten Arbeit setzen wollen. Der freiheitliche Sozialismus läßt diesen verschiedenen Möglichkeiten, die alle ihre Verteidiger unter Anarchisten gefunden haben, genügend Spielraum. Auch darüber können erst die Versuche und Erfahrungen der Zukunft entscheiden, in welchem Umfange etwa die Freiheit der Bedürfnisbefriedigung das Sondereigentum an persönlichen Gebrauchsgütern erfordert. Entschiedene Abgrenzung aber ist geboten gegenüber den nur *individualistischen Anarchisten*, die in der egoistischen Steigerung und Durchsetzung der Persönlichkeit allein das Mittel zur Verneinung des Staats und der Autorität erblicken und selbst den Sozialismus wie jede allgemeine Gesellschaftsorganisation schon als Unterdrückung des auf sich selbst ruhenden Ich zurückweisen.

Sie schließen die Augen vor der naturgegebenen Tatsache, daß der Mensch ein gesellschaftlich lebendes Wesen ist und die Menschheit eine Gattung, in der jedes Individuum auf die Gesamtheit, die Gesamtheit auf jedes Individuum angewiesen ist. Wir bestreiten die Möglichkeit und auch die Wünschbarkeit des vom Ganzen losgelösten Individuums, dessen vermeintliche Freiheit nichts anderes sein könnte als Vereinsamung, mit der Folge des Untergangs im sozial luftleeren Raum. Wir behaupten: niemand kann frei sein, solange es nicht alle sind. Die Freiheit aller aber und damit die Freiheit eines jeden setzt voraus die Gemeinschaft im Sozialismus.

Sozialismus ist, wirtschaftlich gesehen, die klassenlose Gesellschaft, in welcher der Grund und Boden sowie alle Produktionsmittel der privaten Verfügung entzogen sind, somit weder Grundrente noch Unternehmerprofit noch auch die Abgeltung vermieteter Arbeitskraft durch

Lohn oder Gehalt die schaffenden Hände und Hirne um den Ertrag ihrer Mühen berauben können. An der Stelle der privaten oder staatlichen Ausbeutung steht die planmäßige gemeinsame Bewirtschaftung des Gemeineigentums, an der Stelle der bevorrechtigten Minderheit der Besitzenden jedes Landes die zum Volk geeinte Gesamtheit in allen Ländern.

Sozialismus ist über die wirtschaftliche Begriffsdeutung hinaus ein sittlicher Zustand und ein geistiger Wert. Denn er bedeutet nicht nur vernünftige Regelung von Arbeit, Verteilung und Verbrauch und dadurch Sättigung und Befriedigung aller natürlichen Bedürfnisse des materiellen Lebens für alle; er bedeutet auch Erfüllung derjenigen sittlichen Forderung, deren Mißachtung die Menschen schwerer beleidigt und bei der Gewöhnung tiefer herabwürdigt als Hunger und jede andere leibliche Entbehrung: der Forderung der *Gleichberechtigung*. Not, Elend jeder Art, die Last höchster Anstrengung unter trübsten Verhältnissen ist zu ertragen, wenn die Last unter allen gleich verteilt ist, wenn im lebendigen Gemeinschaftsgedanken das Leid des einzelnen mit dem allgemeinen Leide verschmilzt und somit auch der Wille, die Ursachen des Unglücks zu beseitigen, aus dem Gefühl der Verbundenheit aller mit allen erwächst. Nicht zu ertragen jedoch ist oder sollte wenigstens sein die Not, die der Ausdruck ungerechter Zustände ist. Eine Gesellschaft, die Kinder Mangel leiden läßt, die der Mehrzahl der Menschen in der Entwicklung, in der Blüte des Lebens und im Alter das genügende Sonnenlicht, die reine Luft zum Atmen, gesunde Ernährung, Erholung, Reinlichkeit, Pflege des Körpers und Ausweitung des Geistes vorenthält, um einer Minderheit Reichtum und Macht zu gewährleisten; eine Gesellschaft, in welcher die entbehrungsvolle Arbeitsüberbürdung der einen den mühelosen Wohlstand der andern schafft; eine Gesellschaft, die nicht imstande ist, allen arbeitsfähigen und nach Arbeit begehrenden Menschen selbst bei kümmerlichster Entlöhnung Arbeit zu geben, und die den noch beschäftigten Ausgebeuteten die ganze Last der Erhaltung der Erwerbslosen mitsamt der Last fast der ganzen Kosten des der Aufrechterhaltung dieses Irrsinns dienenden Verwaltungsapparates aufpackt, zu dem einzigen Zweck, die soziale Ungleichheit zugunsten der Nutznießer des kapitalistischen Wirtschaftsverfahrens zu verewigen; kurz eine Gesellschaft wie die, in welcher wir leben, kann nicht durch bloße Veränderung ihres materiellen Gefüges in eine sozialistische verwandelt werden. Die Marxisten irren in der Annahme, die geistigen und sittlichen Eigenschaften der Menschen erständen mechanisch aus den Produktionsformen der Wirtschaft, die religiösen, rechtlichen und wissenschaftlichen Erkenntnisse einer Zeit seien nichts als der ideologische Ueberbau der materialistischen Gegebenheiten. Hier findet ununterbrochene, in der Reihenfolge nicht unterscheidbare Wechselwirkung statt. Der Kapitalismus brauchte ebensowohl geistige wie materielle Voraussetzungen, um die Herrschaft über die Völker anzutreten; er mußte den Geist der ihm hörig gemachten Menschen durch sorgfältigen Einfluß auf Erziehung und Bildung willfährig halten, das Unrecht von Ausbeutung und Ungleichheit als schicksalhafte Unabänderlichkeit zu ertragen. So bedarf auch der Sozialismus geistiger Vorbereitung zur Verwirklichung und der Rechtfertigung nicht allein aus seinen materiellen Vorteilen für die Mehrzahl der Menschen, sondern aus seinem geistigen Gehalt. Diese Rechtfertigung ist aber nur möglich, wenn der Sozialismus, über seine Eignung, geistige Werte zu entwickeln hinaus, selbst als geistiger Wert erwiesen und erkannt wird. Die Erneuerung der wirtschaftlichen Beziehungen im Sozialismus kann im Sinne der Gleichberechtigung aller nur wirksam werden bei gleichzeitiger Erneuerung der geistigen Beziehungen zwischen den Menschen, wie nur erneuerte geistige Beziehungen imstande sind, im Wirtschaftlichen aus dem Individualismus der Ungleichheit den Sozialismus der Verbundenheit zu schaffen.

Indem also der kommunistische Anarchismus mit alten sozialistischen Lehren einig geht in der Zielsetzung der wirtschaftlichen *Gleichheit* als Grundlage des Verkehrs der Menschen untereinander, betrachtet er diese gesellschaftliche Umgestaltung im Gegensatz zu den nur materialistisch gerichteten Lehren des Marxismus nicht als einzigen Inhalt seines Strebens, sondern als eine der unerläßlichen Bedingungen für die durchgreifende und alle Lebensbeziehungen erfassende Neuschaffung der Gesellschaft überhaupt. Der Begriff der Gleichheit möge nicht in der Bedeutung von Gleichmacherei verstanden werden. Im Gegenteil ist die Forderung der Gleichheit nichts anderes als die Forderung: Gleiches Recht für alle! Das heißt: gleiche Bedingungen für einen jeden, seine Anlagen zu ihren günstigsten Möglichkeiten zu entwickeln. Wirtschaftliche Gleichheit besagt soviel wie Ausschaltung aller aus widrigen Umständen, zumal aus Mangel, erwachsenen Störungen, die die Entfaltung der Individualität in ihrer Verschiedenheit von allen anderen Individualitäten behindern. Gleichheit, als Gleichberechtigung verstanden, unterbindet nicht, sondern ermöglicht erst das Wachstum der Persönlichkeit. Während die kapitalistische Gesellschaft das Kind des Reichen in seidene Steckkissen legt, es bei gewähltester Körper- und Geistespflege aufzieht, ihm hohe Wissensbildung zuführt und, ohne Unterschied der Begabung und des Charakters, ihm die Berufe der Herrschenden erschließt; während sie, ebenfalls ohne Unterschied der Begabung und des Charakters, das Kind des Armen in trüben Wohnlöchern, bei wenig Licht und schlechter Luft, in trauriger, gequälter Umgebung von früh an den Einflüssen und Eindrücken des Elends preisgibt, ihm den Unterricht versagt, der den Zwecken der Mächtigen Abbruch tun könnte, es zur Knechtsgesinnung erzieht und zur persönlichkeitstötenden Arbeit zwingt, – gewährt die Gleichheit des Sozialismus jedem Kinde Licht, Luft, Lust und Raum zum Gedeihen aller Keime, die aus Natur und Bewußtsein einen Menschen in seiner Besonderheit und in seiner Verbundenheit mit seinen Zeit-, Schicksals- und Artgenossen werden läßt. Der Kapitalismus treibt demnach ödeste Gleichmacherei in zweierlei Art, solche, die für die besitzende Klasse und solche, die für die ausgebeutete Klasse gilt; der klassenlose Sozialismus hingegen schafft für alle Menschen die Gleichheit der Voraussetzungen, auf denen jede Persönlichkeit in der vollen Mannigfaltigkeit ihrer einmaligen Wesenheit, aber in harmonischer Zusammengehörigkeit mit dem gesellschaftlichen Ganzen nach ihren Fähigkeiten Werte schafft, nach ihrem Bedürfnis an der Benutzung des Allgemeinguts teilnimmt.

Erst wenn auf solche Weise der Grundsatz der Gleichheit geistigen Sinn und sittliche Erhöhung erfährt, ist er nach anarchistischer Auffassung sozialistisch gerechtfertigt. Nicht auf den Ausgleich ins Wanken geratener äußerlicher Verhältnisse zwischen den Menschen kommt es an, sondern darauf, daß dieser Ausgleich aus innerlicher Notwendigkeit unternommen wird; und nicht die Ungleichheit an sich in hinlänglicher Anlaß Gleichheit zu schaffen, sondern die Ungerechtigkeit, die in der Ungleichheit zutage tritt. Gäbe es nur materielle Erwägungen, um über die Fragen des sozialen Lebens zu entscheiden, wäre die Moral in der Tat nur die ideologische Einkleidung handfester Nutzensberechnungen, dann müßte man sich mit den Kapitalisten auf die waghalsigsten Auseinandersetzungen über die Zweckmäßigkeit ihres Systems einlassen. Der Hinweis auf Hunger leidende Kinder und auf alle übrigen Erscheinungen der Verelendung und Verwahrlosung der werktätigen Klasse könnte ja gar nicht von der Notwendigkeit überzeugen, daß ihre Ursachen abgestellt werden müssen, wenn die Produktionsweise wirklich überall und immer Ausgangspunkt des menschlichen Denkens, Wollens und Bewußtseins wäre. Die Produktionsweise der Gegenwart ist kapitalistisch. Daß sich im materiellen Dasein hieraus für Kapitalisten wie Proletarier ein bestimmtes Verhalten ergibt, versteht sich von selbst. Die marxistische Formel jedoch: das Sein bestimmt das Bewußtsein, bei der das Sein ausdrücklich als ökonomischer Zustand gekennzeichnet ist, ist höchst bestreitbar. Das Bewußtsein des Menschen wird außer von materiellen Werten noch von vielerlei Eindrücken bestimmt und empfängt aus seelischen Bewegkräften manchmal selbst da noch die stärkste Anregung, wo sich die Anteilnahme auf kapitalistische Tatsachen bezieht. Richtig ist, daß die Verhältnisse das Verhalten bestimmen, wobei keineswegs nur ökonomische Verhältnisse in Frage kommen, es können auch aus dem Charakter, der geistigen Besonderheit, der Bindung an andere Personen, dem Klima, dem kosmischen Geschehen entquellende Verhältnisse sein, und wobei das Verhalten ganz unabhängig von allen Produktionsformen von ursprünglichen moralischen Empfindungen angetrieben werden kann.

Der Kapitalismus freilich ist in all seiner Wirksamkeit auf nur materialistische Denkweise angewiesen. Er kann der logischen Erwägung, daß im Elend lebende und vom Genuß der gesellschaftlichen Güter in weitem Maße ausgeschlossene Volksschichten eine Schädigung des sozialen Wohlstandes bedeuten, ihre Züchtung daher materiell unzweckmäßig sei, seine Logik entgegenstellen, wonach die Ansammlung der Besitzgüter in den Händen einer geringen Zahl von Großverbrauchern die nützlichste Verwendung der benötigten Arbeitskräfte erlaube, wobei als Gradmesser der Nützlichkeit natürlich die aller moralischen Einschätzung entrückten und auf Machtverhältnisse gestützten materiellen Bedürfnisse der Kapitalisten gelten. Mit der Logik allein und gar mit der wissenschaftlich aufgepolsterten Lehre vom *historischen Materialismus* ist das Wirtschaftssystem des Kapitalismus nicht zu widerlegen, noch weniger zu bekämpfen oder durch ein besseres System zu ersetzen. Von irgendeinem unpersönlichen Standpunkte aus kann man den Dingen, die sich so gut wie ausschließlich im persönlich Menschlichen auswirken und gerade durch ihre Bedrückung der persönlich Betroffenen als unerträglich empfunden werden, nicht beikommen. Die Errichtung der sozialistischen Gesellschaft an Stelle der kapitalistischen ist, obwohl die tatsächlichen Veränderungen hauptsächlich in der vollständigen Neuordnung des wirtschaftlichen Gemeinschaftslebens bestehen werden, als Notwendigkeit nur unter den Gesichtspunkten der den Menschen angeborenen gesellschaftlichen Ethik zu erweisen. Hier ist einer der entscheidenden Gegensätze zwischen der anarchistischen und der marxistischen Lehre vom Sozialismus. Die Kapitalisten haben nie versucht, die Grundsätze ihres Verfahrens zum ewigen Menschheitsgesetz zu erheben. Sie wenden den Kapitalismus an, weil er ihnen die Macht über das Proletariat und die Vorrechte ihrer Ausnahmestellung sichert. Die kümmerlichen Rechenkunststücke, die die Ertragsunfähigkeit der Erde behaupteten, kraft deren immer nur eine erlesene Minderheit Wohlstand genießen könne und die große Mehrheit von der Natur selbst zur entbehrungsvollen Sklaverei verurteilt sei, werden sogar von dieser Minderheit nicht mehr ernst genommen. Da erschien als Retter in der Not der Marxismus mit der verwegenen Theorie von der Gesetzmäßigkeit der Denk- und Handlungsweise, die bisher nur der Kapitalismus bis zur letzten Folgerichtigkeit ins soziale Leben getragen hatte. Der Materialismus, das ist die Weltgestaltung aus rein rechnerischen Erwägungen, die Ordnung des Lebens unter nichts als Stoffwechselgesichtspunkten, – diese geistlose Herabwürdigung aller Menschheitsfragen zu bloßen Angelegenheiten der Produktion und Verteilung, erhielt die Weihe einer schicksalgewollten, unabänderlichen, ewig gültigen Einrichtung der Natur. Wir Anarchisten bekämpfen den Kapitalismus, weil er die geistigen und sittlichen Werte der Menschheit den Gewinn- und Machtgelüsten einer skrupellos materialistisch denkenden Herrenschicht unterordnete. Wir glauben, daß der Klassencharakter der Gesellschaft, wie ihn der Kapitalismus bis zum Auseinanderklaffen der Völker in zwei verschiedene Tiergattungen ausgebildet hat, nur durch die Ueberwucherung des gesamten Lebens von materialistischem Denken und Trachten möglich wurde; daß aber umgekehrt die Uebersteigerung der materialistischen Triebe immer und unter allen Umständen zu Klassenscheidungen der Gesellschaft, mithin zur Versklavung des einen Teils und zur Herrenmacht des anderen Teils führen muß. Wir glauben ferner, daß die Verrottung der kapitalistischen Gesellschaft, ihr hilfloses Herumtorkeln in der eigenen Mißwirtschaft, ihr Zufluchtsuchen bei Kriegen und immer brutalerer Knechtung der enteigneten und entrechteten Massen ihre tiefste Ursache im Widersinn des nur materialistischen Fühlens, Denkens und Handelns hat. Die Natur läßt sich auf die Dauer nicht in der Weise mißhandeln, daß die Ernährung und die Sicherung des physischen Seins, für die Vorsorge zu treffen Voraussetzung und Bedingung des Lebens ist, zum Inhalt des Lebens gemacht werden. Daraus entsteht mit Notwendigkeit Raffsucht, Uebervorteilung und Macht, die in allen Fällen zugleich Machtmißbrauch ist. Wir wollen den Sozialismus, weil wir in dieser Gesellschaftsform die Bürgschaft erkennen, dem Dasein der Menschen eine Grundlage der materiellen Notwendigkeiten und Bequemlichkeiten zu sichern, auf der sich das gesellschaftliche Leben zu den besten Möglichkeiten seelischer und geistiger Verbindung emporheben kann. Und nun wird den Sozialisten eine Lehre gebracht, die das Wesen des Kapitalismus ausgezeichnet darlegt, alle seine Erscheinungsformen erklärt und in ihren Wirkungen sichtbar macht. Aber aus Entstehen und Walten des Kapitals wird ein Gesetz abgeleitet, als ob die Einrichtungen, die die Menschen sich geschaffen haben, von Natur wegen bedingt wären, dieses Gesetz wird umschmückt mit den Perlen philosophischer Erkenntnis und unumstößlicher Wissenschaft, und denjenigen, welche den Kapitalismus stürzen, den Sozialismus an seine Stelle setzen sollen, wird gesagt: der Sozialismus könne nur auf denselben Grundlagen erwachsen wie der Kapitalismus; der Materialismus, der der Urstoff des Kapitalismus ist, müsse erkannt werden als historischer Materialismus, somit als der Urstoff jeder Gesellschaftsordnung. Die materialistische Betrachtungsweise lehrt, daß der Kapitalismus nur werden konnte, was er ist, Ausdruck der modernen Sklaverei, der Entpersönlichung der Menschen, der Unterwerfung des Willens unter den Mechanismus eines nur ökonomischen Getriebes, weil er, zwar nicht theoretisch, so doch praktisch die materialistische Nützlichkeit zum Hebel aller gesellschaftlichen Kräfte machte. Ihr Sozialisten aber, sagen die Marxisten, seid den Kapitalisten dadurch noch über, daß ihr sogar die Theorie habt; geht hin und schafft den Sozialismus, indem ihr die materialistische Betrachtungsweise auch eurem Werk zugrunde legt!

Konnte den Inhabern der kapitalistischen Macht ein größerer Gefallen erwiesen werden als durch solche Lehre? Sind sie nicht sittlich gerechtfertigt, wenn die Sozialisten die Weltanschauung, auf der ihr verwünschtes System ruht, zum Sockel der eigenen Welt erwählen? Die Mittel der Zerstörung eines schlecht befundenen Gesellschaftsbaues mögen von seinen Verteidigern in die Hände der Angreifer gezwungen werden, wie der Kampf gegen Bewaffnete kaum anders als mit Waffen geführt werden kann; wer aber zum Bau einer neuen Gesellschaft die Bausteine der gestürzten benutzen will, der wird zugleich dem alten Geist die neuen Einzugstore bauen. Der Sozialismus hat mit dem Kapitalismus keine Gemeinschaft, nicht in der ökonomischen Struktur noch im ideologischen Inhalt. Daß der Sozialismus an die Stelle des Kapitalismus treten soll, hat seinen Grund nicht in der praktischen Logik zweckdienlicher Oekonomie, sondern im moralischen Gewissen der gerechten Denkart. Wir verabscheuen den Hunger der Armen, und zwar um der *Gerechtigkeit* willen!

Jede Erklärung, was Gerechtigkeit sei, erübrigt sich. Denn das Vermögen, zwischen Recht und Unrecht zu unterscheiden, ist eine dem Menschen von Natur innewohnende Gabe, genau wie die Gabe, Lust und Schmerz zu empfinden. Allerdings ist Lust- und Schmerzgefühl schon in der ersten Stunde des Lebens unterscheidbar, während das Gefühl für Recht und Unrecht erst herangebildet werden muß. Aber dies beweist nichts gegen seine Eigenschaft als instinktmäßige Anlage. Auch das Gehen, die Unterscheidung der Farben, die Sprache, das Urteil über schön und häßlich muß im Menschen entwickelt werden, und doch zweifelt niemand, daß es sich hier um lauter naturgegebene Fähigkeiten handelt. Das Wissen von Recht und Unrecht ist *das soziale Bewußtsein* im Menschen, ohne daß uns fremde Not gar nicht als eigene Angelegenheit berühren könnte. Wie aber Lust und Schmerz aus körperlichen oder seelischen Anlässen entstehen, die im Gegensatz zu den Gefühlen der Beeinflussung und Veränderung durch den menschlichen Willen unterliegen, so wird auch das soziale Bewußtsein durch menschliche Veranstaltungen oder Unterlassungen erregt. Der in unserer geistigen Wesenheit begründete Wille zur Gerechtigkeit wird befriedigt oder beleidigt, indem bestimmte Grundforderungen des sozialen Gewissens erfüllt oder enttäuscht werden. Die erste soziale Grundforderung ist Gleichberechtigung. Sie bedeutet Gerechtigkeit durch Gleichheit. Bedingung ihrer Verwirklichung ist jedoch die Verpflichtung der Gleichberechtigten auf *Gegenseitigkeit*. Der Kampf der Arten gegen einander – alles Leben von Menschen, Tieren und Pflanzen beruht auf Tötung einer Art durch die andere und Umsetzung der Substanz der vernichteten Kreatur in Lebenskraft des Vernichters –, dieser Kampf um die Erhaltung der Arten findet seine Ergänzung in der organisierten Unterstützung der Artgenossen zu Daseinskampf, Verteidigung und gesellschaftlicher Zuchtpflege. Wie weit Kameradschaftsbünde verschiedener Arten, beziehungsweise Substanzumwandlungen innerhalb gleicher Arten in der Natur vorkommen, ist in diesem Zusammenhange belanglos. Sicher ist indessen, daß von allen auf gesellschaftliches Zusammenwirken angewiesenen Geschöpfen allein der Mensch den Kampf planvoll auf die eigene Art ausgedehnt hat, und zwar nicht, wie das bei manchen Tieren und bei den Kannibalen geschieht, um Ernährungsschwierigkeiten zu beheben, sondern um ungleiches Recht in derselben Gattung zu schaffen und dadurch Machtgelüste zu befriedigen. Gegenseitige Hilfe ist ebenso Bestandteil der Gleichberechtigung, wie soziale Ungleichheit jede Gegenseitigkeitsbeziehung unmöglich macht. Die kapitalistische Gesellschaft zerstört die soziale Gemeinschaft der Gegenseitigkeit und setzt an ihre Stelle die gegenseitige Unterstützung einer machthungrigen Minderheit bei der Entrechtung und Ausbeutung der in künstlicher Zersplitterung gehaltenen Gesamtheit der die gesellschaftlichen Werte schaffenden Kräfte. Wohl hat ein großer Teil des Proletariats erkannt, daß auch sein Heil nur in der Vereinigung zur gegenseitigen Hilfeleistung gesucht werden kann, doch greift sein Kampf bis jetzt in sehr geringem Maße über die Abwehr der schlimmsten Wirkungen der kapitalistischen Vergewaltigung hinaus, und sein Kampfziel beschränkt sich selbst da, wo die Verbindung schon unter sozialistischen und kommunistischen Losungen erfolgt ist, fast überall auf nur materielle Umgestaltung des Lebens. Der Angriff richtet sich ausschließlich gegen die Erscheinungsformen des Kapitalismus, gegen die Wirkungen der Besitzmacht auf die Lebenshaltung, die Gesundheit und die soziale Stellung der besitzlosen Klasse, aber, von verschwindenden Ausnahmen abgesehen, nirgends gegen die moralischen Grundsätze, die Werden, Wachsen und Wirken des Kapitalismus möglich gemacht haben und deren Beseitigung mit dem Sturz des Wirtschaftssystems zugleich erfolgen muß, soll der Geist der Gleichberechtigung und der gegenseitigen Hilfe, ohne den es keinen Sozialismus gibt, jemals lebendig werden.

Der kommunistische Anarchismus wendet seinen Kampf also zugleich gegen die wirtschaftliche Unterdrückung von Menschen durch Menschen wie gegen die Moral, die die Unterscheidung zwischen den Menschen für zulässig hält. Der Kapitalismus könnte nicht sein, könnte niemals geworden sein, wenn nicht dem Verzicht auf die Verfügung über die eigene Arbeitskraft, die das Wesen der wirtschaftlichen Verknechtung ist, der Verzicht auf die *Selbstverantwortlichkeit* der Menschen vorausgegangen wäre. Alle geschichtlichen Erklärungen, nach denen die kommunistisch wirtschaftenden Ackerbauer der Frühzeit zur Verteidigung des Bodens gegen Ueberfälle bewaffnete Männer aussonderten, welche sich allmählich kraft ihrer Ueberlegenheit durch den Waffengebrauch zu Herren des Landes machten und als bevorrechtigte Klasse den Arbeitsertrag ihrer Auftraggeber in persönlichen Reichtum verwandelten, sich zu Eigentümern des Grundes und Bodens aufwarfen und die Arbeitenden dadurch ihren Machtansprüchen hörig machten, — alle Erforschungen der Entstehung und Entwicklung des Kapitalismus und der Klassenkämpfe sollen als wahr und richtig anerkannt werden. Sie beweisen nichts für das marxistische Dogma, daß das ökonomische Sein allein oder doch ausschließlich bestimmend das Handeln, Denken und Fühlen der Menschen beeinflusse. Der Ueberlassung des Waffenwerks an eine erwählte Schar muß vorausgegangen sein das Bewußtsein der Schwäche, der Verteidigung ebenso wie der Arbeit in der natürlichen Ursprünglichkeit völliger Gemeinschaft nicht mehr gewachsen zu sein. Diese Minderung des Zutrauens in die gesellschaftliche Kraft der Verbundenheit ist aber ein seelisch-ethischer Vorgang, aus dem sich die Folgen auf die ökonomischen Verhältnisse erst ergeben. Das Bewußtsein bestimmt hier die Gestaltung des Seins. Kein Versuch, dem Schwinden des Selbstvertrauens wiederum ökonomische Ursachen zugrunde zu legen, käme gegen den Einwand auf, daß jede Gestaltung der Arbeitsleistung und Beziehungsregelung menschliche Veranstaltung ist, dem Tun aber notwendig das Denken, dem Denken die unbewußte Nervenbewegung vorausgeht, die das seelische Empfinden bezeichnet. Gemeinsame Lebensführung beruht auf gemeinsamer Verantwortung. Die Trennung der Gemeinsamkeit im gesellschaftlichen Wirken kann nur auf die Lockerung der gemeinschaftlichen Verantwortung zurückgehen. Ueberträgt die Gesamtheit einen der Dienste, deren Verrichtung den Einsatz aller Kräfte verlangt, einem Teil, so schaltet sie zugleich diesen Teil aus den übrigen Verrichtungen des gesellschaftlichen Dienstes aus, entläßt ihn somit aus der Verantwortung für die Sache der übrigen, wie sie sich selbst der Verantwortung für den übertragenen Dienst begibt. Innerhalb der wirtschaftlichen Arbeit ist selbstverständlich die Teilung der Dienste geboten, ebenso wie die Abwehr von Angriffen auf den Boden und die Arbeit den Kämpfern verschiedene Aufgaben zuweist. Der Grundsatz der Gemeinschaft wird dadurch nicht verletzt. Dem einen Volksteil aber die Arbeit überlassen, dem andern den Kampf aufhalsen heißt die Lebensführung der Gesellschaft auseinanderreißen, heißt die gemeinverbindliche Verantwortlichkeit preisgeben, heißt folglich Ungleichheit schaffen, die notwendig Herrschaft nach sich ziehen muß. Gemeinsame Verantwortlichkeit aller für alles, das ist der eigentliche Sinn des Kommunismus. Gemeinsame Verantwortlichkeit aller für alles bedeutet aber genau dasselbe wie Selbstverantwortlichkeit eines Jeden für das Ganze, und das ist der eigentliche Sinn des Anarchismus.

Damit ist die Frage der Wechselbeziehung von *Gesellschaft und Persönlichkeit* aufgeworfen. Der Marxismus will die soziale Gleichheit herstellen, indem er die Lebensformen des einzelnen

Menschen in das Streckbett der nur ökonomisch auswägbar gehaltenen Nutzzwecke der Gesamtheit zwingt. Der Individualismus will umgekehrt den ungekürzten Lebensraum des Individuums zum Maß der gesellschaftlichen Daseinsform machen, ohne Rücksicht auf Gleichheit und Gesamtnutzen. Beide Auffassungen nehmen also einen Gegensatz zwischen Gesellschaft und Mensch an und kommen nur bei der Abschätzung der Frage, wessen Rechtsanspruch ans Leben wichtiger sei, zu verschiedenen Ergebnissen. Der kommunistische Anarchismus lehnt die Unterscheidung zwischen Gesellschaft und Persönlichkeit ab. Er betrachtet die Gesellschaft als Summe von Einzelmenschen und die Persönlichkeit als unlösliches Glied der Gesellschaft. Eine soziale Gleichheit, bei der der individuelle Betätigungsdrang des seines Eigenwertes bewußten Menschen beeinträchtigt ist, die sich mit der Beseitigung des Mehr oder Weniger in der Verfügung über die irdischen Güter begnügt, schafft allein nicht die gesellschaftliche Gleichheit, die die Forderung der Gerechtigkeit erfüllt, die Gleichheit, die auf Gegenseitigkeit in allen, nicht bloß den materiellen Dingen, und die auf dem Gefühl der verbundenen Verantwortung aller und der Selbstverantwortlichkeit jedes Einzelnen beruht. Die Herstellung einer Gleichheit, die in Wahrheit die Bedeutung der Gleichberechtigung hat, ist nicht die einfache Lösung einer ökonomischen Rechenaufgabe. In der Erkenntnis, daß hier seine Schwäche liegt, flüchtet der Marxismus in die Gefilde der philosophischen Tröstungen und redet den Sozialisten den Gedanken der persönlichen Verantwortung im gesellschaftlichen Geschehen mit der alten Tempelweisheit der Gebundenheit des Willens und der Vorbestimmung alles Werdens und Waltens aus; einer Lehre, deren übersinnliche Verstiegenheit dadurch um nichts besser wird, daß sie anstelle der göttlichen Fügung den historischen Materialismus, also die Abhängigkeit des menschlichen Tuns von den jeweiligen Produktionsformen setzt. Die wirtschaftlichen Verhältnisse beeinflussen selbstverständlich die Entschließungen der Menschen, außer ihnen aber bilden noch eine Fülle anderer Gegebenheiten, die aus geographischen, biologischen, in Stamm und Ueberlieferung begründeten oder sonstigen Eigentümlichkeiten quellen, den seelischen Mischkessel, den wir Charakter nennen. Mag die Bewußtseinsbildung somit vielfachen sozialen Bedingungen unterliegen, die Persönlichkeit wird davon in ihrer Fähigkeit zur unmittelbaren Einwirkung auf das gesellschaftliche Sein und in ihrer Ermessensfreiheit nicht betroffen. Innerhalb eines Charakters ist der Wille frei.

Den Einzelwillen jedoch in die Mitte alles Geschehens zu stellen, ihm die Dinge der Gesamtheit unterzuordnen in dem Glauben, der Sinn der Gesellschaft erschöpfe sich in der Befriedigung der materiellen und geistigen Bedürfnisse der ihres einmaligen Ichs bewußten Persönlichkeit, bedeutet ebenfalls nichts als die Flucht aus der Wirklichkeit in die vorgestellte Welt einer sozial zusammenhanglosen Menschheit. Wie unteilbar aber die Einheit von Mensch und Menschheit ist und von jedem Menschen empfunden wird, erhellt, um ein einziges Beispiel zu nennen, aus dem Bestreben aller Menschen, Zeugnisse des individuellen Lebens über den Tod hinaus ins gesellschaftliche Leben zu verpflanzen. Für das Einzelwesen besteht die Welt nur, solange sie sich seinen Sinnen bemerkbar macht. Das Sterben, das mit dem Individuum sein ganzes Bewußtsein und alle persönliche Wahrnehmung auslöscht, wäre ohne die vollständige Verflechtung des persönlichen mit dem gesellschaftlichen Leben für den Einzelnen das Ende der Dinge überhaupt. Eine Gegenseitigkeitsbeziehung zwischen den Menschen auf Abruf kann es nicht geben. Der im Instinkt der Menschen begründete Drang, den schaffenden Eifer im Dienste der Menschheit zu betätigen, aus dem Eigenen die materiellen, geistigen und sittlichen Schätze der Gesamtheit zu mehren, wäre vollkommen sinnlos, wenn das Individuum ein lösbarer Teil des Ganzen wäre. Alle Regsamkeit der Persönlichkeit empfängt den Antrieb aus dem Bewußtsein der Gemeinsamkeit. Die Gesellschaft ist der Ursprung des Lebens, wie sie zugleich Sinn und Inhalt des Lebens ist. Da die Gesellschaft indessen sich zusammensetzt aus dem lebendigen gemeinsamen Sein der Einzelnen, sind ihre wirksamen Eigenschaften nicht unterschieden von denen der Menschen, der Tiere oder der Pflanzen, die miteinander Gesellschaft bilden, aus ihr geworden sind und sie unausgesetzt neu aus sich erzeugen.

Gesellschaft und Mensch ist demnach als einheitlicher Organismus zu begreifen, und jeder Fehler in der Wechselbeziehung der Menschen zu einander muß sich als gesellschaftlicher Schaden, jeder Mangel in der gesellschaftlichen Ordnung als Krankheitserscheinung im sozialen Getriebe und somit als Benachteiligung von Individuen in Erscheinung setzen. Diese Untrennbarkeit eines Ganzen von seinen Gliedern, dieses Ineinander-Verstricktsein der Teile, deren jedes ein Organismus mit den Eigenschaften des Ganzen ist, dieses Miteinander- und Durcheinander-Bestehen des Einzelnen und des Gesamten ist das Merkmal des organischen Seins in der Welt und jeder Verbindung in der Natur. Wie der Wald aus Bäumen besteht, deren jeder sein Eigenleben hat, mit eigenen Wurzeln im Erdreich steckt, sich selbst ernährt, lebensunfähig gewordene Aeste absterben läßt und neue Triebe entwickelt, im Welken der Blätter und Hervorbringen neuer Keime, im Ausstreuen des Samens und im allmählichen Verbrauchen der Lebenskraft jungem Nachwuchs Platz schafft, und wie in diesem Werden und Vergehen und in der wechselseitigen Kraftübertragung der einzelnen Bäume das Leben des Waldes als Zusammenfassung zu einem Ganzen wiederum völlig den Charakter eines lebenden, sterbenden, sich stets von neuem schaffenden individuellen Wesens erhält, so ist jede Gemeinschaft ein Organismus aus Organismen, ein Bund von Bünden, eine zur Einheit gewordene Vielheit von Einheiten. Der kommunistische Anarchismus will diese natürliche Verbindung von Persönlichkeit und Gesellschaft mit Gleichberechtigung, gegenseitiger Unterstützung und Selbstverantwortlichkeit aller Einzelnen im Bewußtsein der Gesamtverbindlichkeit und gemeinsamen Verantwortung fürs Ganze wieder zur Lebensform auch der Menschheit werden lassen. Dazu erforderlich ist aber die vollständige Neugestaltung der Organisationsgrundsätze im wirtschaftlichen und gesellschaftlichen Verkehr.

Solche auf natürlichen Zusammenschluß der Teile zum Ganzen und auf die Kraft des Ganzen als Lebensquelle der Teile gestützte Vereinigung stellt die Organisationsform des *Föderalismus* dar im Gegensatz zum *Zentralismus*, der die künstliche Organisationsform der Macht und des Staates ist, wie sie der Kapitalismus bis zur restlosen Vernichtung der Persönlichkeit, der Gleichheit, der Selbstbestimmung, der Selbstverantwortung und der Gegenseitigkeitsbeziehung emporgezüchtet hat. Föderalismus verhält sich zu Zentralismus wie Organismus zu Mechanismus, das heißt wie Gewachsenes, Naturgewordenes, Wesenhaftes zu Geknetetem, Zusammengebasteltem, Nachgemachtem. Föderalismus ist Gemeinschaft der lebendigen Teile zum Gefüge eines lebendigen Ganzen, Zentralismus ist Aneinanderkettung der Teile zur willenlosen Lenkung durch ein unbeseeltes Triebwerk. Im Föderalismus wirkt die Uebereinkunft der Individuen, ihren unterschiedlos auf den eigenen wie auf den Gesamtvorteil gerichteten Willen zur vernünftigen Herstellung des Bedarfs, zu seiner vernünftigen Verteilung und Verwendung und zur gerechten Gestaltung aller übrigen Lebensbeziehungen zu verbinden; im Zentralismus wirkt das von außen gegebene Gesetz der jeweiligen Macht, welche die Vorrichtungen zur Niederhaltung des Gemeinschaftswillens in den Händen hält. Der Föderalismus baut den Gemeinschaftskörper von unten auf, indem er die schaffenden Kräfte selber in unmittelbarer Verständigung die Maßnahmen treffen läßt, von denen das Wohl der Einzelnen und das Gemeinwohl abhängt und die die Bürgschaft gewähren, daß das Gemeinwohl das Wohl des Einzelnen in sich schließt. Der Zentralismus bewegt die nur äußerlich zusammengebundenen, aber aus keiner inneren Notwendigkeit einander vertrauten Einzelnen von oben her, indem er den Persönlichkeitswillen lähmt und ihm die Leitung durch einen gemeinschaftsfremden, der Prüfung entzogenen Willen aufzwingt. Föderalismus ist Organisation durch natürliche Ordnung; Zentralismus ist Ersatz der Ordnung durch Ueberordnung und Anordnung. Die föderalistische Organisation entspricht den Forderungen der Gerechtigkeit, der Gegenseitigkeit, der Gleichheit, der gemeinsamen Selbstverantwortung, der Gemeinschaft aus Einzelnen. Die zentralistische Organisation entspricht den Bedürfnissen der Macht, der Obrigkeit, der Ausbeutung des Klassenzwiespalts, der Bevorzugten. Föderalismus ist Ausdruck der Gesellschaft; Zentralismus ist Ausdruck des Staates.

Staat und Gesellschaft nämlich ist zweierlei. Weder ist die Gesellschaft eine Zusammenballung aller verschiedenen Organisationen und Verbindungen, innerhalb deren die Menschen ihre gemeinschaftlichen Angelegenheiten ordnen und unter denen der Staat neben anderen Einrichtungsformen besteht, noch ist der Staat von etlichen Möglichkeiten eine der Organisationsarten, in denen sich die Gesellschaft verkörpern kann. Es ist in aller Eindeutigkeit so, daß wo Gesellschaft besteht, für den Staat kein Raum ist, wo aber der Staat ist, er als Pfahl im Fleische der

Gesellschaft steckt, ihr nicht erlaubt, Volk zu bilden und gemeinschaftlich ein- und auszuatmen, sie statt dessen in Klassen trennt und dadurch verhindert, Gesellschaft zu sein. Ein zentralisiertes Gebilde kann nicht zugleich ein föderalistisches Gebilde sein. Ein obrigkeitlich zugerichtetes Verwaltungswesen ist Regierung, Bürokratie, Befehlsgewalt, und dies ist das Merkmal des Staates; eine auf Gleichberechtigung und Gegenseitigkeit aufgebaute Gemeinschaft ist in den Grenzen der räumlichen Verbundenheit der Menschen Volk, als allgemeine Lebensform der Menschheit betrachtet, Gesellschaft. Staat und Gesellschaft sind gegensätzliche Begriffe; eins schließt das andere aus.

Vom Klassenstaat reden, heißt von hölzernem Holz reden. Staat ist nichts anderes, kann nichts anderes sein als zentralisierter Ausführungsdienst einer vom Volk gelösten Klasse zur Beherrschung des entrechteten und zur beherrschten Klasse erniedrigten Volkes. Das staatliche Verwaltungsverfahren teilt also die menschliche Gesellschaft in Gesellschaftsklassen, indem es Grund und Boden nebst den von Menschen geschaffenen Produktionsmitteln als Eigentum der bevorzugten Klasse schützt, die Zulassung zur Benutzung des Eigentums durch die fast die Gesamtheit umfassende Klasse der Besitzlosen nach den Grundsätzen der Unantastbarkeit des Eigentumvorrechts und der Wahrung des Charakters der Arbeitsleistung als Verdingung der Arbeitskraft regelt. Ausschließlich zu diesem Zweck ist der Staat geschaffen, niemals hat er einem andern Zweck gedient, niemals könnte er anderen Zwecken nutzbar werden. Nur wo Herrenrecht gegen Sklavenrecht steht, hat der Staat Sinn, findet er Aufgaben der Betätigung. Erst mit dem Entstehen persönlichen Eigentums zur Ausbeutung von Menschen konnte der Staat werden, ist er geworden. Mit der Entfaltung des Kapitalismus, der die materiellen Ausbeutungsgrundsätze der Eigentümer zum Mittelpunkt des gesamten Lebens der Menschen machte, vergrößerte und vergröberte der Staat beständig das Netz von Gesetzen, Aufsichts- und Zwangsmaßregeln, durch welche das Proletariat in der Hörigkeit der bevorrechtigten Klasse gehalten werden soll. Wieder aber sind es die marxistischen Sozialisten, welche nebst der materialistischen Weltbetrachtung auch die zentralistische Organisationsform, dieses eigentliche Wesensmerkmal des kapitalistischen Staates, als Grundriß für den Aufbau der vom Kapitalismus befreiten Gesellschaft übernehmen wollen.

Es ist dargelegt worden, daß die allgemeinen Verhältnisse das Verhalten der Menschen bestimmen, daß hingegen diese Verhältnisse zum erheblichen Teil aus willensgelenkten Veranstaltungen der Menschen selbst entstehen, somit auch das Verhalten die Verhältnisse schafft. Allgemein kann gelten, daß gleichartige Verhältnisse gleichartiges Verhalten zur Folge haben, gleichartiges Verhalten also ebenso gleichartige Verhältnisse bewirkt. Hat der Kapitalismus zur Kräftigung seiner Herrschaft über die Menschen eine zentralisierte Staatsverwaltung eingerichtet, die bei steter Steigerung des obrigkeitlichen Drucks die Macht des Kapitals dauernd vermehrt hat und rückwirkend eine ständige Erweiterung der staatlichen Befugnisse zum Schaden der Arbeiter und zum Nutzen der Bevorrechtigten verursachte, so bedeutet das, daß der von oben geleitete Staat die allein geeignete Organisationsform zur Erhaltung und Förderung kapitalistischer Wirtschaftsführung ist; zugleich aber bedeutet es, daß nur kapitalistische Verhältnisse mit dem staatlichen Zentralismus im Sinne der beabsichtigten Wirkung schalten können, und daß ferner jede staatliche Zentralmacht Kapitalismus entwickeln und, wo er etwa nicht oder nicht mehr vorhanden ist, neu erzeugen muß. Wenn daher gewisse Auslegungen der marxistischen Lehre davon überzeugen wollen, daß das Wesen des Kapitalismus durch die Verfügung privater Ausbeuter über die Produktionsmittel bedingt sei, ihre Bewirtschaftung durch den Staat jedoch bereits als Kennzeichen des Sozialismus gedeutet werden dürfe, so kann nicht heftig genug gegen eine solche Verfälschung und Umkehrung des sozialistischen Grundgedankens Einspruch erhoben werden. *Staatskapitalismus*, auch wenn man ihn *Staatssozialismus* nennen will, hat mit wirklichem Sozialismus nicht das allergeringste zu tun, ist im Gegenteil die dem Gemeinschafts-, Gegenseitigkeits- und Selbstverantwortungsgeist, ohne den kein Sozialismus sein kann, feindlichste Form der kapitalistischen Verknechtung.

Dabei ist es völlig gleichgültig, ob der Staat vom Proletariat erobert wird, um ihn in allmählicher Umgestaltung für sozialistische Lebensbedingungen herzurichten, oder ob man anstelle des durch Revolution zerstörten privatkapitalistischen Staates einen anderen schafft, in dem von vornherein Staatsgewalten die Obliegenheiten des Nutznießers der der eigenen Verfügung und Auswertung entzogenen Arbeitskraft der werktätigen Menschen versehen. Auch das Zugeständnis an die natürliche Einsicht der Sozialisten, die die Unvereinbarkeit von Staat und gesellschaftlicher Gleichheit erkennen, ist wertlos, wonach der mit dem Streben zu sozialistischen Wirtschaftsformen regierte Staat die Eigenschaft habe, mit dem Hinschwinden des Kapitalismus sich selbst überflüssig zu machen, abzusterben und einer Gesellschaft föderativ verbundener Gleichberechtigter den Weg zur Vollendung des Sozialismus freizumachen. Ein Staat stirbt nicht ab, sondern festigt sich, indem er die Grundlagen, auf denen er ruht, ausbaut. Die Grundlagen des Staates sind die kapitalistischen Klassenverhältnisse, und es macht keinen Unterschied, ob die Klassengegensätze aus der Privatverfügung Weniger über die Erde und die Arbeitsmittel stammen oder durch die Uebertragung derselben Verfügung auf eine Auslese staatlicher Befehlshaber herbeigeführt werden. Mag es immerhin moralisch befriedigender sein, die Ausbeutungsrechte nicht in den Händen persönlicher Habgier zu wissen, – es kommt darauf an, daß alle Ausbeutung ausgetilgt, nicht darauf, daß sie entpersönlicht wird. Für den schaffenden Menschen ist es ohne Bedeutung, ob seine Leistung einer Aktiengesellschaft zugute kommt, die den Nutzen daraus in Form von Gewinnanteilen Leuten zuführt, welche mit der Arbeit selbst gar keine Berührung haben, häufig nicht einmal wissen, was in dem Werk, dessen Mitinhaber sie sind, überhaupt hergestellt wird, – oder ob der Staat seinen Arbeitsertrag einzieht. Die Wirkung ist für ihn ganz gleich: das Erzeugnis seiner Arbeit gehört nicht ihm, es ist seiner Verfügung entzogen, und sein Vorteil liegt überhaupt nicht darin, daß das Erzeugnis da ist, sondern nur darin, daß er für die Herstellung Lohn erhält. Am Lohnsystem ändert sich durch die Ueberführung des Privatkapitalismus in Staatskapitalismus nicht das geringste, das Lohnsystem aber ist das Kennzeichen der Ausbeutung.

Die Behauptung, durch die Beschlagnahme der Arbeitskraft von Staatswegen werde, wenn auch die Wirtschaftsweise ausbeuterischen Charakter zu tragen scheine, die sozialistische Ordnung auf die Weise hergestellt, daß das Arbeitserzeugnis Gemeinschaftszwecken diene, fälscht den Grundgedanken des Sozialismus. Abgesehen von dem Anspruch der Kapitalisten, auch ihrerseits Werte erarbeiten zu lassen, die dem allgemeinen Bedarf angepaßt sind, und den Ueberschuß zum größten Teil wiederum in bedarfsteigernde Produktion umzusetzen, fehlt hier wie dort die Selbstbestimmung der Arbeiter über die Verwendung ihrer Leistung. Damit entfällt zugleich die Berechtigung des Einwands, daß kapitalistische Arbeit, gleichviel ob eine Privatperson oder der Staat Auftraggeber sei, jemals dem gesellschaftlichen Nutzen untergeordnet wäre. Denn wo immer die Zuständigkeit von Auftraggeber und Beauftragten getrennt ist, kann von keinem gemeinschaftlichen Nutzen die Rede sein. Es trifft für den Staat in noch höherem Maße als für den privaten Unternehmer zu, daß in allen seinen Maßnahmen, zumal bei der Zuteilung von Arbeitsaufträgen, die Festigung seiner Stellung als Verfügungsmacht über die Arbeitsmittel leitender Beweggrund ist. Die Versorgung des Marktes mit lebensnotwendigem Bedarf ist in jeder Art Kapitalswirtschaft nur insoweit bestimmend, wie sie zur Stärkung dieser Machtstellung beiträgt. Wo das Vorrecht der Verfügung mit dem Bedürfnis des Volks in Widerspruch gerät, ist in allen Fällen, ohne Unterschied zwischen Privat- und Staatskapitalismus, die Versorgung der Gesamtheit benachteiligt.

Das Vorrecht muß also beseitigt werden. Es kann nur beseitigt werden, indem an die Stelle der Arbeitsregelung von oben die *Selbstverwaltung* der arbeitenden Menschen tritt. Selbstverwaltung ist nichts anderes als Selbstverantwortung Gleicher auf Gegenseitigkeit, nichts anderes als föderative Organisation anstelle zentralistischer. In welcher Weise die föderative Arbeits- und Verteilungsorganisation der kommunistischen Anarchie durch das *Rätewesen*, die einzig vorstellbare Form der wirtschaftlichen Selbstverwaltung, zu verwirklichen sein wird, soll im zweiten Abschnitt gezeigt werden. Hier genügt die Aufstellung des allgemeingültigen Satzes: eine Gesellschaft, in welcher die Beziehungen von Arbeit und Verbrauch, der Menschen untereinander und des gesamten geistigen und materiellen Verkehrs unter Wahrung der Gleichberechtigung, Selbstverantwortlichkeit aller und gegenseitigen Unterstützung geregelt werden sollen, verlangt für alle Verrichtungen föderalistische Verwaltung, das ist unmittelbare Verständigung der Beteiligten untereinander. Zentrale Verbindungsstellen dienen einzig den Zwecken der Buchhaltung und der Uebermittlung von Aufträgen, niemals solchen der selbständigen Amtsausübung und irgendwelcher vorgesetzten Behörde, deren vollständige Ausmerzung Voraussetzung aller Selbstverwaltung ist.

Der Versuch, mittels eines Uebergangsstaates vom Kapitalismus zum Sozialismus zu gelangen, ist durch das Wesen des Staates als anordnende Zentralgewalt zum Scheitern verurteilt. Die staatliche Ordnung beruht auf dem Verfahren der Uebertragung der öffentlichen Dienste auf eigens zu diesem Zweck aus der Gesamtheit ausgesonderte Beamte. Wollte nach dem Sturz der kapitalistischen Gesellschaftsordnung der Sozialismus seine Daseinsformen nach demselben Verfahren einrichten, so würde sich die Wiederholung des Vorgangs ergeben, der bei der Teilung der gesellschaftlichen Obliegenheiten in Landbebauung und Landverteidigung die Unterdrückung der werktätigen durch die waffentätigen Menschen, damit die Klassenschichtung des Volkes und folgerichtig die Enteignung der Gesamtheit durch die starkgemachte Minderheit, die Ausbeutung, den Kapitalismus herbeiführte. Die vom Ganzen losgelöste Verwaltung müßte, genau wie die Waffenführer der Frühzeit sich als Adel selbständig machten und das Volk, das sich ihnen anvertraut hatte, in ein Lehnsverhältnis zwangen, in kürzester Zeit Selbstzweck werden. Selbst unter den gegenwärtigen Zuständen, wo die Beamtenschaft sich in völliger Abhängigkeit von der viel stärkeren Macht der Eigentümer des Landes und der produzierenden Mittel befindet, strebt der Staat in eifriger Anstrengung danach, den Wettstreit der Kapitalisten mit obrigkeitlichen Eingriffen in verwaltungsrechtliche Bindungen zu bringen, während die Kapitalisten sich im Gegenteil über die Ländergrenzen hinweg föderativ vereinigen, sich demgemäß aus den zentralistischen Staatseinengungen zu befreien suchen und die gesetzgebenden und ausführenden Sachwalter des Staates, mit je mehr Vollmachten sie sie zur Niederhaltung der arbeitenden Klasse versehen, umso entschlossener darauf bestehen, daß sie sich auf die Ausübung der Justiz, Polizei und Abgabeneintreibung sowie auf die Sicherung der eigenen Herrschaft über das nichtbesitzende Volk beschränken. Die Enteignung des Privatkapitals zugunsten des Staates würde den Ertrag der Arbeit zwar in andere Kanäle leiten, aber nicht die Abhängigkeit der Arbeitskräfte von ausbeutenden Gewalten mindern, sondern nur die Abhängigkeit des Staates von anderen als seinen eigenen Machtbedürfnissen aufheben. Die Staatsverwaltung, die Beamtenschaft, der regierende Apparat würde sich immer ungeheurer aufblähen und wie jede Herrschaft die Neigung hat, sich zur unabsetzbaren und unauslösbaren Dauermacht zu entwickeln, alle Tätigkeit mit erzieherischen und gewaltsamen Mitteln auf das Ziel richten, das Wohl der Obrigkeit als das wahre Wohl der Gesamtheit erscheinen zu lassen. Am Ende dieses Weges steht die Erblichkeit der Bürokratie, die die Zurückführung der Ausbeutung in den Nutzen einer Oberklasse notwendig mit sich führt, also die restlose Wiederherstellung des Privatkapitalismus mit bloß ausgewechselten Eigentümergruppen und veränderter Ausdrucksweise zur Täuschung der Massen.

Der Marxismus vertritt im Staat und in den eigenen Organisationen den Standpunkt des starrsten Zentralismus. Er bekämpft die Obrigkeit des Gegenwartsstaates, nicht weil sie das Volk in seiner Selbstbestimmung entrechtet, sondern weil sie die Unterdrückung nicht auf die herrschende Klasse ausdehnt. Wir sehen also diesen Tatbestand: Der Kapitalismus hat den Staat nötig zu dem einzigen Zweck, zu dem er sich eignet, selbständige Entscheidungen der arbeitenden Menschen in ihren eigenen Angelegenheiten zu unterbinden; er hat ihn hierzu mit außerordentlich weitreichenden Vollmachten ausgestattet. Die Staatsgesetze dienen dem Schutz der kapitalistischen Einrichtungen und sind so gehalten, daß sie der Form nach für die Angehörigen beider Gesellschaftsklassen verpflichtend sind. Mit der Entwicklung des individualistischen Kapitalismus zu körperschaftlichen, über die Staatsgrenzen hinauswachsenden Ausbeutungsverbindungen haben sich die staatlichen Einheitsbestimmungen für die Angehörigen der besitzenden Klasse allmählich als zu eng erwiesen: sie streben daher für sich die Lockerung der Staatsbefugnisse an, zur besseren Beherrschung der mit der Vervollkommnung der Technik immer bedrängteren Klasse der Besitzlosen ihre noch straffere Gestaltung. Der Staat ist natürlich mit der Vermehrung seiner Macht über die Mehrheit zufrieden, wehrt sich aber seiner Machtminderung bei der Wahrung der eigentlichen Vorteile der herrschenden Klasse, solange nicht das gesamte Staatsgefüge nach dem Bedürfnis des international und körperschaftlich ausgebauten Kapitalismus umgewandelt ist (diese Umwandlung ergibt das Bild des faschistischen Staates). Die zentralistischen Sozialisten aber stellen sich auf die Seite des Staates in seinem Bemühen, sich nichts von seiner Allmacht wegnehmen zu lassen, greifen ihn aber an, weil er – und hier bestimmt, da es sich um einen Musterfall kapitalistischer Erscheinungen handelt, wirklich das ökonomische Sein das Bewußtsein – vor den Ansprüchen der besitzenden Klasse trotzdem Schritt für Schritt zurückweicht, und glauben, die rücksichtslose Machtentfaltung der Obrigkeit gegenüber der Armut habe seinen Grund in der Schwäche des Staates gegenüber dem Reichtum, nicht aber im Wesen der staatlichen Obrigkeit selbst. Sie wenden sich gegen die Obrigkeit nicht, weil sie Obrigkeit ist, sondern weil sie eine andere Obrigkeit wollen, gebildet von Leuten ihrer Meinung, von Leuten, die sich als Führer ihrer Parteien oder Gewerkschaften gewöhnt haben, zentralistisch zu regieren, Vorschriften zu erlassen, Zucht und Gehorsam zu fordern, sich Menschen zu unterwerfen und sie zugleich glauben zu machen, sie würden zu ihrem eigenen Nutzen, nicht zu dem der Regierer, regiert. An Obrigkeit und Drill, an zentrale Lenkung und Abgabe des Willens an übergeordnete Personen gewöhnt, zu Staatsglauben und Führervertrauen erzogen, werden die Staatssozialisten dem Staatskapitalismus erwünschte Staatsbürger sein. Nur wird dieser Staatskapitalismus aller Eigenschaften des Sozialismus ermangeln, der Gleichheit und der Gerechtigkeit, der Selbstverantwortlichkeit und der gegenseitigen Förderung, der Verbundenheit der Menschen untereinander und der Selbstverwaltung im gesellschaftlichen Zusammenwirken. Eine allmächtige Bürokratie wird von oben her jede selbständige Regung der Menschen unterdrücken und Ausdruck sein eines Staates, der so wenig Aehnlichkeit mit einer echten Gesellschaft hat wie alle früheren Staatsgebilde und der alle Keime einer klassengespaltenen Ausbeuterwirtschaft von Anbeginn in sich trägt.

Was nämlich den Staat zum Staate macht und was einen Staat dem andern bei allen übrigen Unterscheidungen gleichwertig an die Seite stellt, bleibt auch jedem Sozialistenstaat erhalten: der Ersatz der unmittelbaren Verbindung der Menschen untereinander durch die Ueberantwortung von *Macht* an Menschen zur Beherrschung von Menschen. Die Verneinung der Macht in der gesellschaftlichen Organisation ist das maßgebliche Wesensmerkmal der Anarchie, oder, um dieser verneinenden Erklärung die bejahende Form zu geben: der Anarchismus kämpft anstatt für irgendeine Form der Macht für die gesellschaftlich organisierte Selbstverfügung und Selbstentschließung der Menschen. Unter Macht ist jede Inanspruchnahme oder Einräumung von Hoheitsbefugnissen zu verstehen, durch die die Menschen in regierende und regierte Gruppen getrennt werden. Hierbei spielt die Regierungsform nicht die geringste Rolle. Monarchie, Demokratie, Diktatur stellen als Staatsarten nur verschiedene Möglichkeiten im Verfahren der zentralistischen Menschenbeherrschung dar. Wenn die Demokratie sich darauf beruft, daß sie dem Volksganzen die Beteiligung an der öffentlichen Verwaltung mit gleichem Stimmrecht für alle gewährt, so ist daran zu erinnern, daß gleiches Stimmrecht nichts mit gleichem Recht zu tun hat und daß die Aussonderung von Abgeordneten eben die Beteiligung der Aussondernden an der Verwaltung verhindert und ihre Vertretung durch einander ablösende Machthaber bedeutet. Wo es Vorrechte des Besitzes gibt, kann kein formales Gleichsetzen von Stimmen wirkliche Gleichheit schaffen, ebensowenig wo die Selbstbestimmung der Menschen sich durch Verleihung von Macht ablösen läßt. Macht beruht immer auf wirtschaftlicher Ueberlegenheit, und die Abschaffung wirtschaftlicher Ueberlegenheit bei gleichzeitiger Aufrechterhaltung von Macht bewirkt unter allen Umständen das Bestreben derer, die über die Macht verfügen, sie durch Neugewinnung wirtschaftlicher Ueberlegenheit zu sichern. Jeder auch nur zeitweilige Gesetzgeber, sei er Landesoberster, Minister oder Parlamentarier, fühlt sich über diejenigen, denen er Vorschriften machen darf, emporgehoben, wird also, auch wenn er es vorher nicht war, Sachwalter einer vom Ganzen gelösten Oberschicht mit anderen, gesteigerten Bedürfnissen und Lebenszielen, hört auf, der Klasse anzugehören, die sich nach den Gesetzen und Vorschriften zu richten hat. Das zeigt sich schon bei den zentralistisch organisierten Arbeitervereinigungen.

Hier wird eine beamtete Führerschaft mit dem Vorrecht ausgestattet, die Richtlinien für das Verhalten und die Verpflichtungen der übrigen zu bestimmen, es entsteht Befehlsgewalt, Obrigkeit, Macht. Dadurch entsteht weiterhin eine grundsätzliche Scheidung der Interessen mit der Folge, daß der Kopf der Organisation ein Eigenleben gegenüber den Gliedern führt und daß die Verwaltung der Organisation Selbstzweck wird und stets seine Bedürfnisse wichtiger nimmt als die Aufgaben, derentwegen die Organisation geschaffen wurde.

Es liegt im Wesen der Macht, nicht nur ihre Erhaltung mit allen Mitteln zu verteidigen, sondern sich materiell und ideell immer stärker zu machen, ja, ihre Ausdehnung und Kräftigung als einzigen Inhalt allen ihrer Handlungen zugrunde zu legen. Menschen und gesellschaftlich lebenden Tieren ist das Machtstreben nicht angeboren. Erst jahrtausendelange Gewöhnung an Vorrecht und Entrechtung hat die Menschen, nur sie, zu dem Glauben gebracht, es sei in ihrer Natur bedingt, daß der Wettstreit um den Platz an der Sonnenseite des Daseins in der Form von Machtkämpfen geführt werden müsse. Gerade aber erst die Machtkämpfe haben mit der Spaltung des Menschengeschlechts in Herrschende und Beherrschte verursacht, daß es eine Sonnenseite und eine Schattenseite des Lebens gibt. Macht kann nicht sein, wo keine Ohnmacht ist. Wer nach Macht strebt, kann sein Ziel nur erreichen, indem er andere ohnmächtig macht. Die größte und umfassendste Macht der bisher erlebten Geschichte ist die vom Kapitalismus entwickelte Macht. Zweck der halt- und grenzenlosen Kapitalshäufung ist jedoch keineswegs, dem Kapitalisten bloß ein Wohlleben zu verschaffen. Seine Absicht, in Reichtum zu leben und Aufwand zu treiben, läßt sich erreichen, ohne daß Milliardenwerte, ungeheure Ländereien, Bergwerke, ganze Industrieausbeuten unter die Verfügung eines Einzelnen zu gelangen brauchten. Der Großkapitalist rafft seine Güter durchaus nicht zusammen, um sich ein bequemes Leben zu schaffen; er verwendet im Gegenteil außerordentlich mühevolle Tätigkeit auf die Erhaltung, Vermehrung und Vervielfältigung seines Kapitals, obwohl er weiß, daß sich durch die Ausdehnung seines Eigentums an seiner Lebensführung gar nichts ändern wird und obwohl jede Vergrößerung seines Reichtums größere Anforderung an seine organisatorische Spannkraft stellt.

Der Kapitalist weiß sogar, daß bei gerechter und natürlicher Bewirtschaftung der Erde im Sozialismus, bei gleicher Berücksichtigung aller in der Regelung des Verbrauchs, für niemanden, also auch für ihn nicht, eine Verarmung im Sinne von Mangel an Gütern und Freuden eintreten würde. Denn der Boden trägt, wenn er sozialistisch gepflegt wird, genügend, um guten Wohlstand für alle Menschen zu verbürgen, und wir kämpfen für die kommunistische Anarchie nicht, um den Reichtum, sondern um die Armut abzuschaffen. Der Kapitalist macht sich reich, um andere arm zu machen. Sein Antrieb zur Kapitalanhäufung ist nicht Habsucht, sondern Machtgier. Je mehr Menschen er durch seinen Reichtum in Armut treibt, um so mehr Menschen macht er sich hörig. Je ärmer jemand ist, um so abhängiger ist er, je abhängiger er ist, um so besser kann er beherrscht werden. Darum bleibt es sich auch für den arbeitenden Menschen ganz gleich, ob seine Arbeitskraft von einem Privatmann oder einer Ausbeutergesellschaft gedungen wird oder vom Staat. Dadurch, daß ihm der Ertrag seiner Leistung vorenthalten bleibt, wird Macht geschaffen, von der er abhängig ist. Die Staatsmacht braucht seine Armut genau so wie der Private, um durch sie Macht auszuüben. Die Macht des Staates ist aber gefährlicher als jede andere Macht, weil sie mit dem Anspruch auftritt, Ausdruck des allgemeinen Willens zu sein und die von ihr der Arbeit abgenommenen Reichtümer dem allgemeinen Nutzen zuzuführen. In Wahrheit dienen diese Reichtümer ausschließlich der Erhaltung des Staates selbst, das heißt der Macht der Obrigkeit, die die Ohnmacht der Regierten braucht.

In der Erkenntnis, daß Macht, gleichviel wer sie ausübt, gleichviel zu welchem vorgegebenen oder wirklichen Zweck sie begründet wurde, Ausbeutung in sich trägt, ferner daß Staat und Zentralisation, gleichviel, welche sozialen Ziele sie sich gesetzt haben, Einrichtungen der Macht sind und also Ausbeutung betreiben müssen, stellt sich der Anarchismus die Aufgabe, die Macht als Form des gesellschaftlichen Lebens, demnach jede Art Staat von Grund aus zu zerstören und statt dessen die föderative Gemeinschaft Gleichberechtigter aufzubauen. Der oft erhobene Einwand, die Zerstörung der Macht setze durch ihre Vollzugsmittel doch wieder Machtanwendung voraus, beruht auf unklarem Denken. Die Worte *Macht, Zwang und Gewalt* bezeichnen nämlich völlig verschiedene Begriffe, deren Gleichsetzung und Verwechslung selbst schon in den Reihen der Anarchisten verheerende Irrtümer hervorgerufen hat. Gewalt ist ein Kampfmittel, daß sich von andern Kampfmitteln wie Ueberredung, Ueberlistung, passiven Widerstand usw. gar nicht grundsätzlich unterscheidet. Die Behauptung, der anarchistische Gedanke sei unvereinbar gerade mit dem Kampf, der die Anwendung körperlicher Kraft oder ihre mechanische Verstärkung durch Waffengebrauch vorsehe, ist eine willkürliche Verfälschung des anarchistischen Gedankens. Wem Gewalt im Kampfe unangenehm ist, mag sie vermeiden, mit Anarchismus hat solche persönliche Geschmacksrichtung nichts zu tun. Da der Anarchismus den Kampf bejaht, kann er nicht eine Abstufung zwischen den äußeren Kampfformen vornehmen und eine Grenze ziehen, jenseits deren der Kampf verneint wird. Auch die Anwendung von Zwang ist nicht allgemein im Widerspruch zu anarchistischem Verhalten. Ein im Kampf bezwungener Gegner muß selbstverständlich verhindert werden, den Kampf weiterzuführen. Ein sozialer Schädling muß genötigt werden, sich in die Notwendigkeit der gemeinsamen Lebensgestaltung einzufügen. Solche Verhinderung und Nötigung ist Zwang. Unzulässig im Sinne anarchistischer Auffassung werden Gewalt und Zwang erst, wenn sie im Dienste einer Befehlshoheit stehen, und daraus erklärt sich eben die oberflächliche Gleichsetzung der drei Begriffe, daß der Staat kraft seiner Macht den Alleingebrauch von Zwang und Gewalt für sich in Anspruch nimmt. Der Anarchismus ist gegen Staatsgewalt und Staatszwang, weil er gegen Staatsmacht ist. Um der Sauberkeit des Denkens willen muß aber unterschieden werden: Gewalt ist Kampfhandlung, bloßes Mittel zur Erreichung eines Zwecks; Zwang ist Maßregel im Kampf und Mittel zur Sicherung des erreichten Kampfzweckes, Macht ist ein Dauerzustand von Gewalt und Zwang zur Niederhaltung von Gleichheitsgelüsten, ist das von oben her verfügte Zwangs- und Gewaltmonopol der Herrschaft.

Macht bezeichnet somit die tatsächliche Gegebenheit, die aus jedem zentralistischen, obrigkeitlichen, gesetzgebundenen, staatlichen Verhältnis erwächst. Als sittlicher Grundlage ihrer Herrschbefugnisse bedient sie sich des den Menschen eingeimpften Glaubens an die Berechtigung und Notwendigkeit der *Autorität*. Autorität ist die Maßgeblichkeit fremder Erkenntnis für das eigene Urteil. Der Anspruch auf Autorität bedeutet also die Forderung, daß Menschen auf eine Meinung verzichten sollen, an deren Stelle die blinde Anerkennung fertig gelieferter Gedanken, Regeln und Grundsätze zu treten hat. Die Hinnahme von Autorität bedeutet demgemäß Preisgabe der Denkkraft und des Willens, Unterordnung der Persönlichkeit unter von außen zugetragene Glaubenssätze und Vorschriften. Es ist ohne weiteres klar, daß Macht nicht ertragen würde, wäre der menschliche Geist nicht zuvor der Einwirkung der Autorität zugänglich gemacht worden. Wo Autorität Eingang hat, kann sich Macht festsetzen; wo Macht waltet, schafft sie der Autorität immer neue Zugänge. Seit Menschen andern Menschen Macht über sich eingeräumt haben und dadurch Machthunger sich zum wichtigsten Gestalter gesellschaftlicher Beziehungen zwischen den Menschen entwickeln konnte – im Machtgelüst liegt das hervorstechendste Unterscheidungsmerkmal des Menschen gegenüber den Tieren, bei denen das natürliche Gesellschaftsdasein nirgends von Machtverhältnissen innerhalb der gleichen Gattung verdrängt werden konnte –, seit den Anfängen der Heranbildung von Vorrechten unter den Menschen ist zu allen Zeiten der Glaube an Autorität bei denen großgezüchtet worden, die ein Machtwille sich zur Beherrschung ausersehen hatte. Denn Autorität gründet sich auf seelische Beeinflussung, auf Zubereitung des Geistes, Glauben und Vertrauen auf Kosten von Denken und Urteilen gelten zu lassen. Wer so weit gebracht ist, zu glauben ohne zu prüfen, und sei es selbst das Unmögliche und Vernunftwidrige, der wird auch bereit sein, zu gehorchen ohne sich aufzulehnen, selbst wo das Zweckwidrigste und seinem Vorteil Entgegengesetzte von ihm verlangt wird.

Der älteste und bis heute bewährteste Weg, Autoritätsglauben zu erwecken, ist die Vortäuschung überirdischer, göttlicher Mächte, deren Gebot der Mensch willfährig, deren Urteil er verantwortlich zu sein hat. Das ursprüngliche Gefühl von Recht und Unrecht ließe keinen Angriff auf die menschliche Selbstbestimmung zu. Das Bewußtsein, daß nur Gleichheit und Gegenseitigkeit wirkliches gesellschaftliches Recht ermöglicht, schlösse jede Machtbetätigung von

Menschen über Menschen aus. Dem unverbildeten Gemüt des naturverbundenen Menschen konnte der Sinn für Obrigkeitsvorrecht und Untertanenverpflichtung daher nicht anders beigebracht werden als durch die Vorstellung, außerweltliche, himmlische Wesen seien die Schöpfer und Lenker aller Dinge, ihnen, nicht sich selbst oder seinesgleichen sei der Mensch in allem Tun und Lassen verantwortlich. Wem der Glaube an göttliche Allmacht begreiflich gemacht war, der konnte für den Glauben an menschliche Macht gewonnen werden. Dazu bedurfte es nur der Einflüsterung, die Götter übertrügen den Wachdienst über das Verhalten der Menschen mit höheren Weihen versehenen irdischen Stellvertretern. So gelang es die Autorität der Priester sicherzustellen und damit jeder weiteren Autorität Zutritt zum gesellschaftlichen Bewußtsein zu schaffen. In guter Kenntnis der Menschenseele wußten die Priester, daß die natürliche Abwehr jeder Autorität im Selbstgefühl begründet ist, das auf Selbstbestimmung und gleichberechtigte Uebereinkunft hinweist. Selbstgefühl und Stolz kann nur durch Erregung von Furcht gebrochen werden. Darum wurde mit dem Glauben an die Götter zugleich die Angst vor ihnen den Gemütern eingeflößt. Die Furcht, sonst allgemein als Kläglichkeit betrachtet, wurde den unsichtbaren Göttern gegenüber zur tugendhaften Pflicht erhoben. Wer aber einmal Gottesfurcht gelernt hat, der wird auch Priesterfurcht, Königsfurcht, Gesetzesfurcht und Eigentumsfurcht lernen und sich nach Belieben regieren lassen.

Außer dem Selbstbewußtsein mußte auch das angeborene Rechtsgefühl, das sozialen Ursprungs ist, gebrochen werden, um auf Autorität Macht begründen zu können. Die Verletzung des sozialen Rechtsempfindens geschieht durch Verweigerung der Gleichberechtigung oder Aufhebung der Gegenseitigkeit im gesellschaftlichen Leben. Da jedoch die Autorität Ungleichheit und Abhängigkeit zur Lebensbedingung hat, mußte der Begriff des Unrechts von seiner selbstverständlichen Bedeutung abgebogen werden. Die Priester ersannen dazu die von der Beziehung zur Gesellschaft losgelöste und nur in Beziehung zur Gottheit festgelegte Sünde. Unrecht ist die Verfehlung gegen die menschliche Gemeinschaft, Sünde die Verfehlung gegen die göttliche, mithin gegen die priesterliche Autorität. Während jedoch der Bestand der sozialen Gemeinschaft durch alles die Gegenseitigkeit störende Unrecht bedroht wird, ist das Begehen sündiger Handlungen Lebensbedingung für die Autorität derer, die über Menschenseelen herrschen wollen. Sie brauchen die Schuld ihrer Gläubigen, weil nur die zerknirschte Seele sich himmlischen Machtsprüchen unterwirft. Alle Priesterschaft lebt vom schlechten Gewissen der Menschen, aber nur die Vorstellung von Strafen nach dem Tode und von Beaufsichtigung auch der geheimsten Gedanken und Regungen hält die Furcht dauernd rege, selbst bei gerechtestem Wandel im Verkehr mit dem Mitmenschen von den göttlichen Geboten abzuirren. Liegt es doch in der Natur jeder Autorität, alle moralischen Verpflichtungen, die das soziale Gewissen fordert, aufzuheben – anders könnte ja keine Obrigkeit ihre eigene Verletzung der Gleichheitsidee sittlich rechtfertigen – und die volle Verantwortung in allen Dingen unter außerhalb der persönlichen Würdigung stehende feste Gebote zu stellen.

Das soziale Bewußtsein unterscheidet rechtliche und widerrechtliche Handlungen; ihr Prüfstein ist die Achtung oder Mißachtung der Gleichberechtigung. Die Autorität dagegen unterscheidet erlaubte und verbotene Handlungen; ein den Beherrschten zugänglicher Prüfstein für ihre moralische Verschiedenheit ist nicht vorhanden. Die Gottheit, die Priesterschaft, in der Folge der Herzog, der Fürst, der Adel, die Führung befiehlt, verbietet, macht schuldig, straft, besteuert, nutzt aus. Das Gesetz tritt an die Stelle der Selbstbestimmung, der Glaube an die Stelle des Urteils, der Gehorsam an die Stelle der Verantwortung, die Demut an die Stelle des Mutes, die Jenseitsfurcht an die Stelle des Diesseitskampfes. Die soziale Gemeinschaft dankt ab zugunsten der unmündigen Bereitschaft, Schuld zu häufen, zu bereuen und abzubüßen, Macht anzubeten und Macht anzustreben, die Persönlichkeit mitsamt der Gesellschaft zu töten und das irdische Leben an ein überirdisches Himmelreich zu verraten. Wer aber im Tode in den Himmel will, der will im Leben an die Macht, und wer im Leben die Macht hat, der tröstet seine Opfer mit dem Himmelreich nach dem Tode.

Solange die Völker sich unbefangen der Natur verschwistert fühlten, in gesellschaftlicher Gegenseitigkeit schufen und genossen, gab es bei ihnen noch keine zentrale Gottheit mit un-

beschränkter Autorität. Das kindliche Verehrungsbedürfnis gab den Gestirnen und den Natur-
kräften Götternamen, aber die heidnischen Religionen verteilten die segenvollen Eigenschaften,
die sie den Sinnbildern und Geistern beimaßen, unter die vorgestellten höheren Wesen, und so
konnten auch die Priester jeweils nur auf dem Gebiet Autorität geltend machen, auf dem ihre
Götter anbetungswürdig schienen. Erst das Judentum zentralisierte den Gottgedanken, erst die
jüdisch-christliche Religion stellte eine Allmacht über der Menschheit auf, schuf den Begriff
der Gottesknechtschaft, unterwarf Denken, Fühlen und Handeln den unantastbaren Satzungen
einer jeder Absetzbarkeit, ja, jeder Anzweiflung entzogenen einheitlichen Autorität. Die Priester
des allmächtigen, allwissenden, allgegenwärtigen Gottes erlangten dadurch die schrankenlose
Macht über die Seelen der Gläubigen, eine Macht, der sie durch die Errichtung der Kirche den
Halt der vollkommensten Zentralisation gaben.

Daß der Anarchismus mit dem Glauben an eine außerhalb der Persönlichkeit wirkende be-
wußte und willensbegabte Kraft unvereinbar ist, bedarf keiner besonderen Darlegung. Der Begriff der Religion könnte nur insofern mit anarchistischer Denkweise in Uebereinstimmung gebracht werden, wie er als Hingebung und Versunkenheit des Ich in seiner Beziehung zu Menschheit und Weltall gemeint wäre. Wo aber, wie es hier und da geschieht, von christlichem Anarchismus geredet wird, liegt immer der Verdacht nahe, es solle damit zwar die Ablehnung des
Staates und der irdischen Obrigkeit zum Ausdruck kommen, hingegen der sich selbst mißtrau-
enden Seele die Zuflucht zu einer jenseitigen Schöpfer- und Bewacherautorität offengehalten
werden. Jede wirkliche oder vorgestellte Autorität ist aber Preisgabe der Selbstverantwortlichkeit
an eine über der Persönlichkeit wirkende Macht mit der Bedeutung von Aufsicht, Befehlsgewalt
und Gerichtsbarkeit.

Es ist nur folgerichtig, daß die staatliche Autorität sich als moralischer Machtstütze stets und
überall der kirchlichen Gebotsformen bedient; ebenso, daß die Kirche nach bester Möglichkeit
die staatlichen Machtmittel zum Schutze der göttlichen Autorität in Anspruch nimmt. Die der
Staatsmacht in jahrhundertelangen Kämpfen von den sich gegen jeden Gewissenszwang immer
wieder aufbäumenden Völkern abgetrotzte formale Anerkennung der Glaubensfreiheit ist den
Gesetzgebern fast nirgends ein Hindernis, den jüdisch-christlichen Eingott als tatsächlich vorhanden anzunehmen und unter besonderen Schutz zu stellen. Der Kampf gegen die kirchlichen
Lehren von freiheitlichen Gesichtspunkten aus ist auch in Ländern, die in Technik und Wis-
senschaften weit vorgeschritten sind, größeren Erschwerungen unterworfen als sogar der Kampf
gegen den Staat und seine Gesetze und Einrichtungen. Angriffe mit den wirksamen Mitteln des
Spottes und der zornigen Grobheit werden von Gott und seinen irdischen Stellvertretern unter
Einsatz schwerster staatlicher Straf- und Unterdrückungsmittel abgewehrt. Denn die Religion
liefert dem Staate dank ihrer Berufung zur Seelsorge, welche alles irdische Glück aus willigem
Glauben, aus Befolgen bestimmter Vorschriften für alles Fühlen und Verhalten und aus der
Vorbereitung eines ewigen bewußten Lebens nach dem Tode herleitet, die sittliche Grundlage,
die ihm gestattet, auf den Gehorsam gegen seine Regierung zu rechnen. So ist es auch kein
Widerspruch, daß der Staat seine Gesetze keineswegs durchweg, wie es die Nurmaterialisten
meinen beweisen zu können, nach den unmittelbaren Bedürfnissen der Kapitalisten herrich-
tet. Von der Aufrechterhaltung der Strafen, welche zum Beispiel das geschlechtliche Verhalten
außerhalb der Ehe bedrohen, die bestimmte Veranlagungen verfemen oder die Leibesfrucht der
eigenen Entschließung der Frauen entziehen, hängen die Ausbeutungsrechte der Grund-, Haus-
und Maschineneigentümer schwerlich ab. In diesen und ähnlichen Fällen dient das Staatsge-
setz einfach der Unterstützung der Kirche, in ihrer Aufgabe, den Wandel der Menschen in den
privatesten Angelegenheiten zu überwachen und eine Verselbständigung der Persönlichkeit gegenüber den göttlichen Regeln zu verhindern.

Indem der Staat die Macht der Kirche dadurch befestigt, daß er das, was sie Sünde nennt, mit
seinen Zwangsvorrichtungen unterbindet, verbreitert er gleichzeitig sein eigenes Machtgebiet
über die Grenzen des ihm ursprünglich zugedachten Beherrschungsbereichs des öffentlichen
Ordnungsdienstes hinaus. Der Kirche kann dieser staatliche Machtzuwachs aus zwei Gründen
nur erwünscht sein: einmal verdingt sich ihr der Staat als Vollstreckungsorgan mit seinen phy-

sischen Kräften da, wo ihr eigene Ausführungsgewalt nicht zur Verfügung steht; ferner aber ist keine Macht imstande, sich für die Dauer stark zu erhalten, wenn sie nicht mit der Ausübung von Macht die Verleihung von Macht verbindet. Die Kirchenmacht läßt die Staatsmacht in ihre Bezirke ein, um ihrerseits wiederum Macht über Dinge zu erwerben, die in den weltlichen Geschäftskreis des Staates zu gehören scheinen. Die Macht über die Seelen, die sie kraft der religiösen Beeinflussung der Menschen ausübt, ergänzt sie durch Erringung politischer Macht im Staate. Dadurch macht sie sich den ökonomischen Machthabern unentbehrlich, die nun der Kirche die Wege zu weiterer Entfaltung von Autorität öffnen. Sie liefern der Kirche die Schule aus und erreichen so, daß die Jugend im Geiste der Autorität erzogen wird, somit brauchbaren Stoff zum Beherrschtwerden, willigen Ausbeutungsnachwuchs hergibt und frühzeitig den Drang pflegt, selbst Machtinhaber zu werden. Sie wissen, daß nur der ein guter Knecht ist, der selbst knechtet oder doch knechten möchte, wie die Kirche weiß, daß nur der mit Leidenschaft Herr sein kann, der noch einen Herrn über sich fühlt. Also: mit dem Erwachen von Machtsucht schufen sich die Menschen die Gottheit. Sie unterwarfen sich ihrer Herrschaft, um andere Menschen der eigenen Herrschaft unterwerfen zu können. Jeder Unterworfene wird wiederum mit Macht ausgestattet, damit er um so leichter beherrscht werden kann. Jede Unterwerfung und Beherrschung führt zu materieller Ausbeutung, jede Ausbeutung zu Autorität, Zentralismus, Staat. Gott und der Staat sind die beiden Pole der Macht, die auf der Verneinung von Gleichberechtigung, Gegenseitigkeit und Selbstverantwortung beruht.

Gott und der Staat mit allen ihren Ausdrucksorganen, Kirche, Regierung, Gerichtsbarkeit, Militär, Polizei, Bürokratie, Sultanen, Wesiren, Statthaltern, Kadis, Schatzmeistern, Zollpächtern, Fakiren und Bonzen sind die vollkommensten Verkörperungen zentralistischer Autorität. Die föderative Gesellschaft der Anarchie kann keinen Bestandteil enthalten, der diesen beiden Grundformen der Macht nicht stracks entgegengesetzt wäre. Ihr Gefüge muß von der Wurzel aus anders aussehen und anders wachsen als das Gefüge jeder obrigkeitlichen Organisation. Von der Wurzel aus: die Wurzel des Staates aber, die Keimzelle der Autorität ist die *Familie*.

Die obrigkeitlich geschützte und nach einheitlichen Grundsätzen geregelte Familie ist Muster und Sinnbild der Zentralisation, vollendete Verkörperung des Machtgedankens, im engen Umkreis Modell von Kirche und Staat, Urform und Inbegriff ausübender und hinnehmender Autorität. Diese Eigenschaften der von Kirche und Staat geschaffenen, betreuten und beaufsichtigten Familie sind gewährleistet durch die Einrichtung der vom Staat beglaubigten, von der Kirche mit göttlichen Weihen versehenen Ehe und durch die Festlegung des Vaterrechts als Ausdruck der Beziehung des Stammes zur Allgemeinheit, der Beziehung der Familienangehörigen zueinander. Die Begründung der Vaterschaftsfamilie erfolgt in der Form der priesterlichen oder behördlichen Vornahme einer Trauung der beiden Personen, welche sich zur gemeinsamen Lebensführung und Erzeugung von Kindern verständigt haben. Die Heirat, gleichviel ob es sich um kirchliche Einsegnung oder um Ziviltrauung handelt, bedeutet also die Einschaltung der öffentlichen Macht in die private Entschließung zweier Menschen, miteinander geschlechtlichen Verkehr zu pflegen. Um ein solches Eindringen obrigkeitlicher Gewalt in den allerpersönlichsten und verschwiegensten menschlichen Willensvorgang erträglich und berechtigt erscheinen zu lassen, bedurfte es der vollständigen Verbildung des natürlichen Wissens um Selbstbestimmung in den Angelegenheiten des eigensten Erlebens. Sie wurde erreicht durch die Verfälschung der Moral von einem sozialen Wertmaß der Rechtsgleichheit und des anständigen gegenseitigen Verhaltens in eine Richtschnur zur Innehaltung des richtigen Abstandes zwischen Machtgebot und Abhängigkeit. Die Beziehung der Geschlechter, dieser durch die Natur selbst jeder Einmischung Dritter entzogene Urquell des Lebens, mußte, um der Macht dienstbar werden zu können, im Gewissen der Menschen zum Herd ständiger innerer Not gemacht werden. Gelang das, so war für den Seelsorger der Weg frei, der Liebe Vorschriften zu machen; die Priesterschaft, mithin die Kirche, der Staat und jede Autorität konnte sich als Macht da einnisten, wo der Machtbegriff für jedes gesunde Empfinden aufhören müßte, Geltung zu haben. Es gelang durch die erfolgreiche Bemühung, den Geschlechtstrieb als eine von Anbeginn sündige Versuchung der Menschenseele zur Erregung fortwährender Gewissensqualen zu benutzen; denn nur so konnte die Vorstellung erweckt werden, daß die Befriedigung des sinnlichen Verlangens unreines Werk sei, solange nicht äußere Gewalten ihr eine genau zu befolgende Dienstordnung gesetzt hätten. Das Leben verteilt in seinem natürlichen Verlauf Last und Lust in dem Ausgleich, der durch den Charakter einer Persönlichkeit bedingt ist. Den zur Erringung des materiellen Daseins erforderten Anstrengungen und Gefahren steht gegenüber die Freude am Schaffen gesellschaftlicher Werte sowie die Genußfähigkeit beim Betrachten und Einatmen der Natur, bei der Aufnahme künstlerischer Schöpfungen und bei der sinnlichen Begegnung mit dem andern Geschlecht. Die Macht- und Ausbeutungsveranstaltungen der Menschen haben die Anstrengungen und Gefahren bei der Arbeit zur Hervorbringung der Güter auf die beherrschte Klasse abgewälzt, der überdies durch die Formen der kapitalistischen Produktionsweise die Freude am Schaffen gründlich vergällt ist, da der Proletarier weder beschließen kann, was er schafft, noch dank der Teilarbeit unter seinen Händen etwas Nützliches entstehen sieht, noch gar irgend einen Vorteil von seiner Arbeit hat oder auch nur mitbestimmen kann, welchem Verwendungszweck sie zugeführt wird. Der Genuß der Natur ist ihm infolge ungesunder Wohnverhältnisse, Entrechtung bei der Festsetzung seiner Freizeit, ungenügender Ernährung und allgemein unfroher Lebensbedingungen wesentlich geschmälert, die künstlerischen Schöpfungen sind ihm ohnehin kaum zugänglich, da die Zulassung zu ihnen fast immer von Geldaufwand abhängig ist und die herrschende Klasse auch durch die verschiedene Schulung dafür gesorgt hat, daß der beste Teil der Kunst und Dichtung ganz und gar ihrer Sinnesart angemessen ist und folglich dem Verständnis der arbeitenden Massen verschlossen bleibt. Die einzige Freude, welche im Erleben selbst schlechterdings einem Teil der Menschheit durch den anderen nicht gekürzt werden kann, weil die Natur keine Stufenleiter der Lustfähigkeit nach Maßgabe der menschlichen Rechtsunterschiede eingerichtet hat, ist die Beglückung der Sinne durch die Liebe und den Geschlechtsrausch. Hier mußte erst nachhaltige Einwirkung auf die Seele der Menschen erfolgen, hier mußte schlechtes Gewissen geschaffen werden, um selbst in dem einzigen Lebenskreis, der dem Armen noch das Gefühl des Glücks und der Beseligung läßt, die Selbstbestimmung zu beseitigen, die amtliche Bewachung durchzusetzen, Macht und Autorität zu entfalten.

Mit Hilfe der unbezweifelbaren und unentrinnbaren Autorität Gottes wurde den Menschen weisgemacht, die Befriedigung ihres Geschlechtstriebes könne von der Brandmarkung als Laster nur befreit werden, wenn sie sich innerhalb der Bindung der beiden Eheteilhaber als pflichtmäßige Zweckhandlung zur Kindererzeugung vollziehe; diese Bindung müsse auf Lebenszeit geschlossen werden, bedürfe der Zustimmung und Abstempelung durch Kirche oder Staat, und jede körperliche Vereinigung zwischen Mann und Frau außerhalb der genehmigten Ehe sei sträfliches Tun, im Falle der ehelichen Gebundenheit eines der beiden schändlicher Ehebruch. Die Sicherung dieser Bindung erfolgte durch die naturwidrige Erhebung der *Vaterschaft* zum geschützten öffentlichen Rechtsgut. Naturwidrig ist das aus der Vaterschaft abgeleitete gesellschaftliche Recht deshalb, weil der Erzeuger eines Kindes immer nur der Mutter bekannt sein, niemals von Dritten festgestellt werden kann, auch Aehnlichkeit und vermeintliche Vererbung von Eigenschaften über Vermutungen hinaus keine Beweiskraft haben. Erst die Uebertragung vorbehaltloser Befehlsgewalt auf den Mann ergab die Möglichkeit, die Vaterschaftsfamilie dadurch zu befestigen, daß die Frau und die Kinder in sklavenhafter Abhängigkeit gehalten und unter eine Aufsicht gezwungen werden, die alle Selbstbestimmung zum Ungehorsam, das Begehen selbstgewählter Wege zur Gefahr macht. Um also die Geschlechtsbetätigung unter die Macht der öffentlichen Zentralstellen zu bringen, stattete man den Kindererzeuger innerhalb der Familie mit zentralen Machtbefugnissen aus, machte ihm das Aufpassen auf die Frau in ihrem gesamten Triebleben und der Frau das gleiche Aufpassen auf den Mann in seinem geschlechtlichen Verhalten zur sittlichen Pflicht, erzog zugleich die Kinder im Geiste strenger Unterordnung vom Anfang des Lebens an und erweckte in ihrem Nachahmungsdrang mit dem Vorbilde der väterlichen Machtvollkommenheit von frühauf das Streben, selbst Macht zu erwerben.

Auf keinem anderen Gebiet ist die Abtötung der natürlichen Lebensinstinkte in dem Maße gelungen wie im Bezirk der Geschlechtlichkeit. Selbst bei Anhängern autoritätsfeindlicher Lehren trifft man vielfach die Neigung, dem Recht auf Selbstbestimmung, Selbstverantwortung und Gleichheit im eigenen Familienkreise den Einlaß zu verwehren. Das wird mit der Behauptung erklärt, die Eifersucht sei ein angeborenes, darum unbedingt gültiges Gefühl, in der Liebe naturhaft begründet daher als Stütze der Gegenseitigkeitsbeziehung den Gattenanspruch auf Ausschließlichkeit der Geschlechtsgemeinschaft moralisch rechtfertigend. Aus solcher Sinnesart spricht nichts als völlige Verfangenheit in den autoritären Vorstellungen, wie sie Kirche, Staat und Schule in jahrtausendlanger inbrünstiger Mühe den zur Beherrschung auserkorenen Gemütern eingeflößt haben. Wer auf die Geschlechtshingabe eines anderen Menschen einen Rechtsanspruch erhebt, verlangt die Preisgabe der eigenen Verfügung eines anderen Menschen über sich selbst, will Besitzer einer zweiten Person sein, ist Sklavenhalter; wer umgekehrt den Anspruch eines anderen auf seinen Körper anerkennt, begibt sich notwendig des Rechtes auf sich selbst in allen Lebensbeziehungen und wird Sklave eines Nebenmenschen. Wer aber irgendwo Sklavenhalter oder Sklave sein kann, der kann es überall sein und wird es überall sein. Eifersucht ist Besitzneid, bezogen auf die Liebesempfindungen eines anderen Menschen. Neid wird allenthalben als eine der erbärmlichsten Eigenschaften der Menschen ausgegeben, sofern er sich auf Güter erstreckt, die der Reichtum der Armut vorenthält. Neid gilt also als Schande, wo er der Ungleichheit in der von Menschen veranstalteten Verteilung des sachlichen Eigentums Abbruch zu tun droht. Der Neid hingegen, der der anderen Person aus Eigennutz die selbständige Entschließung über das ureigenste Verhalten in den privatesten Dingen mißgönnt, dieser Neid wird mit dem Heiligenschein einer Liebestugend umkränzt, ihm wird allerorts Ehrfurcht erwiesen, an ihn klammert sich der sonst hoffnungslos verknechtete Unterdrückte mit seiner Herrschsucht und seinem Machtwahn.

Es hat Zeiten gegeben, in denen die Vaterschaftsfamilie unbekannt war. Bevor es einen Staat gab, bevor das Priestertum und die Waffenträger Vorrechte und Macht über die Menschen brachten, galt das Mutterrecht, das der Frau die Wahl ließ, wer jeweils Vater ihrer Kinder werden sollte. Damals erfuhr offenbar die geschlechtliche Eifersucht nicht die Einschätzung eines berechtigten Anspruchs einer Person auf die andere. Ganz allmählich, in langen Uebergangszuständen ist aus der völlig ungebundenen Männer- und Frauengemeinschaft, bei der die Zahl der Gatten und die Dauer der Verbindung im Belieben aller Beteiligten stand, die Familie entstanden, zuerst in der Form, daß die Mutter den Vater ihrer Kinder zur Teilnahme an der Hausgemeinschaft zuließ, dann in Gestalt der Sippenehe, bei der Männer und Frauen innerhalb der Verwandtschaft einander verfügbar waren, schließlich, in engem Zusammenhang mit der Entwicklung der Eigentumsvorrechte, in Gestalt der Vaterherrschaft. Aber erst mit der Ausbreitung des jüdischen Gottglaubens, wo ja die Vaterautorität deutlich versinnbildlicht ist, erhielt die den zentralistischen Grundgedanken von Kirche und Staat angepaßte Einrichtung der Vaterehe die Weihen der Heiligkeit.

Der kommunistische Anarchismus ist schlechterdings als gesellschaftliche Wirklichkeit nicht vorstellbar, ohne daß dem Staat und jeder Art Zentralismus und Ausbeutung durch die Entfernung, ja durch die Aechtung familiärer Macht- und Hoheitsverhältnisse die Grundlage entzogen wäre. Wollen zwei Menschen ihr Leben gemeinsam führen, so ist das Sache ihrer eigenen Uebereinkunft; sobald aus dieser Uebereinkunft ein gegenseitiges oder einseitiges Besitzrecht oder gar Alleinbesitzrecht entsteht, ist im engen Kreise ein Machtzustand geschaffen, der mit unausweichlicher Notwendigkeit andere Personen in Mitleidenschaft zieht, zunächst diejenigen, auf die sich das Verlangen eines der Gatten richtet. Macht ist aber eine Seuche, die sich aller Umgebung mitteilt und sie in irgendeiner Weise in Abhängigkeit bringt, folglich Ungleichheit schafft, die wiederum Obrigkeit und Ausbeutung nach sich zieht. Die Moral der Anarchisten muß daher ausgehen von der bedingungslosen Billigung alles dessen, was auf geschlechtlichem Gebiete in unbeeinflußter Uebereinstimmung selbstverantwortlicher erwachsener Menschen geschieht. Unsittlich ist nie, was zwei Menschen tun, um einander Freude zu bereiten, unsittlich ist stets die Einmengung eines Dritten in ihre Verständigung.

Kein Mensch, weder Mann noch Frau, ist von der Natur so eingerichtet, daß er sich sein Leben lang sinnlich nur zu einem passenden Individuum hingezogen fühlen sollte. Der Geschlechtstrieb läßt sich nicht befehligen, ohne verdorben zu werden, und er läßt sich nicht verbieten oder einengen, ohne zu verkümmern. Die Eifersucht sichert die Ausschließlichkeit der Hinneigung eines Menschen zum andern nur bei völlig machtbefangenen Menschen, bei selbständig empfindenden, der Autorität unzugänglichen Naturen zerstört sie die Unbefangenheit des Verhaltens und verursacht dadurch fast immer das Gegenteil dessen, wofür sie eifert. Alle Liebesverständnisse beruhen auf Gegenseitigkeit. Aber die Gegenseitigkeit wird nicht von dem Teil aufgehoben, welcher verschiedene Verständnisse unterhält, sondern von dem, welcher vom andern die Innehaltung einer Zwangsbindung ausschließlich an seine Person verlangt. Aus dem Zusammenfinden sinnlich bewegter Menschen, sei es zur Führung gemeinschaftlicher Häuslichkeit, sei es im Ueberschwang eines Augenblicks zur Erfüllung eines vorübergehenden Begehrens, lassen sich allgemeine Regeln und moralische Gesetze überhaupt nicht ableiten. Die Angelegenheiten der Geschlechtlichkeit haben mit sozial begriffener Sittlichkeit nicht das geringste zu tun, sofern nicht Gewalt, Mißbrauch wirtschaftlicher Abhängigkeit oder Verführung unentwickelter Kinder und der Willensfreiheit Beraubter den Verkehr zur Machthandlung erniedrigt, das Verhältnis gleichberechtigter Gegenseitigkeit zerstört und damit den privaten Vorgang gemeinschädlich auf die Gesellschaft zurückwirken läßt.

Die religiösen Gebote und in ihren Spuren die Staatsgesetze haben das geschlechtliche Verhalten, das sich, sozial gesehen, für ihre Machtzwecke kaum verwenden ließe, der öffentlichen Moral insgesamt zugrunde gelegt; sie haben die Menschen gewöhnt, unter Sittlichkeit die Einordnung der sinnlichen Bedürfnisse in die vorgeschriebenen Beschränkungen zu verstehen. Nur so war es möglich, die autoritäre Ehe, die lebenslängliche Zwangsbindung zur Familie zur unbestrittenen Selbstverständlichkeit der privaten Lebensorganisation zu machen. Die Vatermacht im Hause gab der Priestermacht der Kirche, der Regierungsmacht im Staate, der Kapitalsmacht in der Oekonomie die moralische Weihe; sie konnte daher nicht strenge genug gewahrt werden. Dabei ist zwischen dem orientalischen Recht der Männer, beliebig viel Frauen zu heiraten und dem christlichen und europäischen Grundsatz der Einehe, kein Unterschied des Wesens sondern nur der Abstufung. Die Vielehe ist nur dem Mann erlaubt, sie ist also der krasseste Ausdruck der unbeschränkten Vaterautorität in der Familie und schützt den Mann auch im Geschlechtsleben vor jedem Dreinreden innerhalb seines Herrschaftsbezirks. In der Einehe ist zwar die Frau ebenfalls ganz der Befehlshoheit des Mannes unterstellt – die bürgerlichen Gesetzbücher, ebenso wie das Kirchenrecht weisen der Ehefrau noch in unsern Tagen die Rolle der gehorsam dienenden Untergebenen und zur widerspruchslosen Hingabe verpflichteten Bettgenossin des Gatten an –, aber durch das Verbot, sich mehr als eine Ehesklavin zu halten, steht in bezug auf sein Sinnenleben auch der Mann unter Aufsicht, ist seine Gottähnlichkeit in der Familie in einem Punkt eingeengt, und die Frau, was noch wichtiger ist, wird in sehr schmalem Raum ebenfalls als Machthaberin zugelassen, tränkt sich mit dem Stolz, irgendwo auch Autorität betonen zu dürfen und wird um so zuverlässiger die Kinder im autoritären Geiste erziehen und sich der Autorität des Mannes, der Kirche und des Staates unterwerfen.

Der Verzicht auf die amtliche Beglaubigung einer Ehe ändert natürlich am Charakter der Familie nur dann etwas, wenn die überkommene Moral des gegenseitigen Machtverhältnisses darin keine Auferstehung erlebt. Jede auf pflichtschuldige Fügsamkeit, auf Unterbindung der Selbstbestimmung und Verbot außerehelicher Beziehungen gegründete Verbindung trägt alle Wesenszüge der zentralistischen Obrigkeitsorganisationen, der Kirche und des Staates, in sich. Der Mann, der Familienvater verfügt über eine fast unbegrenzte Autorität, die ihm von den öffentlichen Gewalten ausdrücklich gewährleistet wird. Er hat das Züchtigungsrecht über Frau und Kinder, er vertritt sie vor den Organen des Staates, er bestimmt über Wohnsitz und Vermögen; ihm tritt auch kein Gesetz in den Weg, wenn er sie kapitalistisch ausbeutet. Nur das Leben der Seinen darf er nicht auslöschen; daran hat der Staat Anteil, der Arbeitskräfte braucht, um sie beherrschen zu können. Mit dieser Regelung der Familienrechte wird erreicht, daß der überall gefesselte Mensch in seinem engsten Lebenskreise selbst fesseln kann, ihm folglich die Schändung der Persönlichkeit durch jedwede Verknechtung nicht zum Bewußtsein kommt. Er gewinnt Geschmack am Zentralismus, da er selbst irgendwo Zentralgewalt ausübt. Für die nie ganz ausrottbare Sehnsucht nach Selbstverantwortung und Gegenseitigkeit wird ihm in seinem Heim eine von Staats wegen genehmigte Stätte überlassen, wenn auch die Gegenseitigkeit nur in der Befugnis der Gatten besteht, einander unter Polizeiaufsicht zu halten. Im übrigen wird die Gottähnlichkeit der Eltern den Kindern gegenüber durch kirchlich und staatlich verordnete Sittenlehren befestigt und durch die Verleihung des Erbrechts auch für die kapitalistischen Machteinflüsse nutzbar gemacht. Endlich aber wird durch die Einrichtung der in sich geschlossenen Familien ein Sippenstolz gezüchtet, der dieses verkleinerte Abbild des Staates immer wieder anspornt, sich in der Abkapselung mehr zu dünken als die Nachbarsfamilie, was die Neigung in sich schließt, sich auf ihre Kosten zu bereichern. So wird jede föderative Gemeinschaft von unten auf schon in der gesellschaftlichen Keimzelle verhütet, das Streben nach allgemeiner Gleichberechtigung durch den Anreiz zum Geltungswettstreit unterbunden, die Grenzlinie zwischen den gemeinsamen Opfern einer größeren Macht verstärkt, der Gedanke der feindlichen Abgrenzung, ohne die es kein zentrales Gebilde geben kann, im Boden des privaten Machtinteresses der einzelnen verwurzelt. Mit dieser Eigenschaft jedoch, als umzäunte Burg selbstgerecht und selbstsüchtig sich mit ihren Zugehörigen gegen die anderen Sippschaften abzuschließen, erfüllt die autoritäre Familie ihre eigentliche Aufgabe, der heranwachsenden Jugend mit dem Familiensinn den Staatssinn, den Willen zur Macht des eigenen Staates, die Feindschaft gegen andere Staaten, das Verlangen nach Eroberung, Unterdrückung, Ausbeutung der Völker jenseits der Staatsgrenzen, den *Nationalismus* aufzupfropfen.

Nation ist Völkerschaft, also eine räumliche verbundene, durch gemeinsame Lebensbedingungen, Sprache und Gewohnheiten zusammengehörige Menschengemeinschaft. Die Begriffe Nation und Volk decken sich ungefähr, sofern sie einfach zur Unterscheidung der verschiedenen in Ländern zusammengefaßten Menschheitsteile gebraucht werden. Nationalität bedeutet Zugehörigkeit zu einem Volk. In keinem dieser Worte ist mehr enthalten als ein Bestimmungsmerkmal, keins drückt einen abmeßbaren Wert aus. Erst mit der Zerspaltung der Völker in Klassen, mit ihrer Unterwerfung unter den Krieger-, den Priester-, den Grundherrn-, den Kapitalistenstand gewann die Nation den Sinn eines moralisch gestützten Herrschaftsgebildes, und heute ist Nation längst die feierliche Bezeichnung für den nüchternen Machtbegriff Staat. Nationalismus ist die Gesinnung, die den eigenen Staat für den vor allen anderen ausgezeichneten hält, welcher kraft der Tugenden des in ihm organisierten Volkes das sittliche Anrecht habe, seine Grenzen ständig zu erweitern, seine Gesetze und sittlichen Lehren anderen Völkern als maßgeblich aufzuzwingen und fremden Arbeitsertrag den eigenen Machthabern nutzbar zu machen. Nationalismus ist die weihevolle Verklärung des Staatsgedankens, die Uebertragung der autoritären Familienmoral auf die Völker.

Hält sich in der zur gesellschaftlichen Einrichtung erhobenen und gesetzlich geschützten Vaterschaftsfamilie der Machtgedanke hinter rührseligen Vorwänden als Züchtigkeit, Angehörigenliebe, Blutsverbundenheit verborgen – lauter Dinge, die vorhanden sein können oder auch nicht, die aber niemals von äußerlichen Rechtssatzungen abhängen –, so erklärt der Nationalismus die Macht offen zum sittlichen Grundsatz und erhöht den Befehlsapparat der Arbeitsmitteleigentümer, den Staat, zum erhabenen Träger der also geheiligten Macht. Um des Nation oder Volk genannten Staates willen wird der Artbegriff der Menschheit aus dem Bewußtsein der Menschen gestrichen, an Stelle der Gleichberechtigung aller Artgenossen das Vorrecht für das in den eigenen Landesgrenzen zentralistisch regierte Volk begehrt, der Anspruch auf Unterjochung, Beherrschung, Versklavung der anderen Völker verkündet, die kriegerische Gewalttat, die Beraubung, ja Ausrottung jenseits der Landesgrenze wohnender Bevölkerungen zur Pflicht gemacht, Grausamkeit, Tücke, Lästerung, Mordbrennerei, Verleugnung aller angeborenen sozialen Empfindungen für Tapferkeit und nationales Recht ausgegeben und jeder Machtvorteil des eigenen Staates unterschieds- und bedenkenlos heilig gesprochen.

Es ist gewiß richtig, daß alle Kriege, alle staatlichen Grenzerweiterungen und nationalen Ansprüche materiellen Nutzen erzielen sollen. Aber es trifft hier wie überall zu, daß der Machtzweck allen materiellen Zwecken übergeordnet ist, daß die Beherrschung von Menschen durch Menschen der leitende Beweggrund aller Unterdrückung ist, wenn auch allerdings die wirtschaftliche Ueberlegenheit unentbehrliches Mittel zur Erlangung von Macht bleibt. Beweis für das Uebergewicht des Machtstrebens über das bloße Bereicherungsbedürfnis ist der stets erfolgreiche Anruf der nationalen Gesinnung im Falle drohender Machtschmälerung oder angeblicher Beleidigung der nationalen Würde, unter welcher nichts anderes verstanden werden kann als Geltung, Maßgeblichkeit, Autorität. Die zum nationalen Kampf bereiten Massen haben für sich selbst ökonomische Vorteile so gut wie nie zu erwarten, mit dem Versprechen ausmünzbarer Belohnung werden sie auch nur in beschränktem Maße in Begeisterung versetzt; aber ihre Zugehörigkeit zur Nation wird ihnen als seelischer Wert einleuchtend gemacht, das heißt, das ihnen aus dem Kirchenglauben und dem Familiensinn geläufige Autoritätsbewußtsein wird zum nationalen Machtrausch gesteigert, indem jedem Individuum der Stolz geschwellt wird, sich selbst als Teil einer weltwichtigen Autorität fühlen zu dürfen. So wird dem ausgebeuteten Volk das Machtgelüst auf einen ideellen Nenner gebracht, in seiner Vorstellung das räumlich abgesteckte Staatsgebiet zu einem religiösen Begriffswert erhoben, der zentralisierte Regierungskörper priesterlich umschmückt, als ob er nicht das regelnde Organ kapitalistischer Machtverhältnisse, sondern das Sinnbild ehrfurchtgebietender Schöpferkraft wäre; und zugleich verständigt sich die ausbeutende Oberschicht über alle Ländergrenzen hinweg zur gemeinsamen Wahrung ihrer Eigentumshoheit, schließt Vereinbarungen ab, die ihre Klassenstellung zur wirklichen, von keinem Nationalismus eingeengten Macht durch Gewinn und Reichtum festigen. Die Machtverständigung der Oberklasse erstreckt sich über alle Wirtschaftsgebiete mit Einschluß der Herstellung der Kriegswaffen, welche dazu dienen sollen, den Völkern im gegenseitigen Abmetzeln ihren nationalen Machtdünkel lebendig zu halten, sie also durch eingebildete Autorität der fühlbaren Autorität willfährig zu machen. Der Nationalismus, das ist der Hochmut, der sich auf Volks- und Staatszugehörigkeit stützt, hat dieselbe Quelle wie jedes Wertgefühl, das statt auf persönliche Leistung und soziales Verhalten auf Umstände gegründet ist, die außerhalb des Willens des einzelnen liegen: die Autorität, die kritiklose Anerkennung fordert, um Macht ausüben zu können, und die Autorität und Scheinmacht verleiht, um dem Machtgedanken die Gefahr des Zweifels an seiner Berechtigung fernzuhalten.

Die jüdische Gottvater-Lehre, die den einzigen, allmächtigen, allgerechten, allgegenwärtigen Gott mit dem finster drohenden Verlangen über die Menschen setzt, in unaufhörlichem Gebet angefleht, bewundert, der hingegebenen Verehrung versichert und für alles, selbst für jede Qual und Demütigung bedankt zu werden, schuf den westlichen Völkern die Voraussetzung zur Hinnahme der Vaterschaftsfamilie mit der gottähnlichen Stellung des über die Seinen herrschenden Oberhauptes. Diese autoritären Vorbilder haben auch dem Staat mit seiner nationalistischen Ideologie die Bereitwilligkeit der Menschen zur Untertanschaft unter eine zentralistisch schaltende Macht, zum Verzicht auf Selbstverantwortung, Selbstbestimmung und Gleichberechtigung in den Dingen des gesellschaftlichen Zusammenlebens erschlossen. Gottvater, Vater, Vaterland – die Einwirkung auf die Gefügigkeit der Menschen geschieht überall auf die gleiche Weise, indem sie die soziale Gegenseitigkeitsverknüpfung, die natürlich weder an Hausmauern noch an Landesgrenzen aufhören kann, übersieht und die Ueberheblichkeit durch die Verpönung aller Glaubenslehren außer der eigenen, durch die Vergottung der eigenen Familie mit ihren Vorfahren und Eigentümlichkeiten, durch die Heiligsprechung der eigenen Nation und die Feindschaftspflege gegenüber anderen Völkern aus moralischer Verpflichtung großzieht. Es ist das Verhängnis der Juden, daß sie, die die Autorität in ihrer verwegensten Vollkommenheit als höchsten Ausdruck der Lebensgestaltung über die Menschheit gebracht haben, die Wirkungen ihrer Lehren am bittersten spüren müssen. Sie haben den Glauben an den einzigen Allgott, die gottgewollte Vaterautorität und folgerichtig die nationalistische Formel vom auserwählten Volk Gottes in die Welt gesetzt. Wer vom Vaterland spricht, spricht in jüdischer Denkweise, denn er bekennt sich zur Verherrlichung einer, nämlich seiner Nation, er bekennt sich zum auserwählten Volk. Aus diesem Bekenntnis leitet er das Recht ab, andere Völker zu hassen, zu verachten, zu vergewaltigen, und die Juden, ehedem selbst eine in räumlicher Umzäunung zentralistisch organisierte Nation, werden, über alle Länder verstreut, von nationalistisch besessenen Nachfahren ihres Geistes, aber anderen Stammes, als Eindringlinge, Feinde und verächtliche Fremde verfolgt, beschimpft, verleumdet und mißhandelt. Das natürliche Rechtsgewissen wird durch National- und Rassenüberhebung vernichtet. Gleiche Herkunft, gleicher Stammbaum, gleicher Wohnsitz und Versklavtsein an denselben Herrn genügt zur Aechtungsgemeinschaft gegen die Nachkommen anderer Ahnen und die Sklaven anderer Herren.

Es bedarf nach allem schon Gesagten keiner Begründung mehr, warum der Anarchismus mit nationalen oder rassischen Wertunterscheidungen unverträglich ist. Anarchie bezeichnet eine Menschengesellschaft, deren föderalistischer Aufbau die internationale Ausweitung aller Verbindungen, auch der gefühlsmäßigen, ohne weiteres bedingt. Die Organisation der Arbeit und des Zusammenlebens von unter herauf fußt auf der Kultur der Persönlichkeit, die sich mit anderen Persönlichkeiten im gleichen Streben zur Kameradschaft, zur Gemeinde, zum Wirtschaftsverband, zum geistigen Austausch im Sprachbezirk, im Umkreis wissenschaftlicher, künstlerischer, technischer, sportlicher, internationaler Verbände, zur Weltgemeinschaft zusammenfindet. Die Persönlichkeit zieht aber ihre Werte aus sich selbst, um nach ihrer Charakterbildung und ihrem Schaffen im sozialen Zusammenhange beurteilt zu werden. Die Haar-, Augen- und Hautfarbe der Vorfahren, die Frage, ob jemand diesseits oder jenseits eines Flusses geboren sei, ob seine Sprache und Lebensform von diesen oder jenen geschichtlichen, geographischen, klimatischen Umständen gestaltet wurde, kann nur von Machtlüsternen und Machthörigen als Urteilsmaß für Menschenwerte verwendet werden. Denn hier waltet der Drang, Grenzlinien zu schaffen, um allen menschlichen Organisationen die pyramidenförmige Gestalt, das Zusammenlaufen aller Fäden in eine Spitze, also Zentralisation, also Lenkung von oben herunter zu sichern, mit der wiederum Mißgunst und feindlicher Wettbewerb mit der Nachbarorganisation und ihrer zentralen Spitze verbunden ist.

Eine geistig-seelische Zusammengehörigkeit des Menschen mit dem Boden gibt es natürlich, aber nur da, wo Arbeit und Leben unmittelbar aus dem Erdboden wächst. Nur noch der Bauer hat diese innige Berührung mit dem Lande, die es zu einem Stück seiner selbst macht, wie er sich als Bestandteil des von ihm beackerten Grundes empfindet. Aber der Bauer hat deshalb kein Staatsbewußtsein, sondern Heimatliebe. Die Vermengung der Begriffe *Heimat und Vaterland* gehört zu jenen Umnebelungskünsten, mit denen die Machtzentralisten alles natürliche Denken zu verwirren suchen. Vaterland ist ein vorgestelltes Ideal ohne gedankliche Bestimmbarkeit, sachlich bezogen auf ein genau abgestecktes Ländergebiet, dessen Zusammenhalt einzig in gemeinsamen, von einer zentralen Regierung diktatorisch oder demokratisch erlassenen, auf die Machtverhältnisse und Eigentumsrechte zugeschnittenen Gesetzen ruht. Die Grenzen dieses Ländesgebietes sind veränderlich, und um sie zum Zwecke der Machtvergrößerung verändern zu können, ist die Vaterlandsidee in die von religiöser und familiärer Ueberlieferung hinlänglich zur Aufnahme autoritärer Einflüsse vorbereiteten Gemüter hineingesenkt worden. Vaterlandsgefühl ist ein künstlich hervorgebrachtes, in der seelischen Veranlagung der Menschen nicht ursprünglich begründetes, machtbetontes Geltungsbedürfnis, gleichbedeutend mit Staatsbewußtsein, das nichts anderes ist als Wissen um die Zweckmäßigkeit staatlicher Macht für die Machthaber im Staate. Es kann kein Vaterlandsgefühl geben, das nicht seine Nahrung zöge aus der Feindseligkeit gegen andere Vaterländer. Die Erziehung der Jugend geschieht von früh auf im Geiste der nationalen Ueberhebung, indem das eigene Land an Hand der Machtgeschichte der Vergangenheit als das einzige zur Machtausübung berufene Vaterland vorgeführt wird. Der von Kirche und Familie gepflegte Geist der Unterordnung unter die Autorität wird hier ergänzend auf die Einbildung abgerichtet, Zugehörigkeit zu einem Volke, Staatsbürgertum innerhalb der eigenen Staatlichkeit berechtige zum Herrschen über andere Völker. Solcher Staatsbürgerdünkel wird zur sittlichen Pflicht gemacht, dadurch aber, daß jede Staatsmacht den Dünkel für die eigene Nation heischt, daß jede Rasse sich als die einzig auserwählte, des Vorrechtes werte ausgibt und niemandem erlaubt wird, sich beim Vergleich der Werteigenschaften für eine andere Nation als die eigene zu entscheiden, wird neben der für die Erhaltung jeder Staatsmacht notwendigen Feindschaft zwischen den Völkern die haltbarste Stärkung des Autoritätsgedankens erreicht; geglaubt wird nicht was in selbständigem Urteil erkannt wird, sondern was zu glauben Vorschrift ist.

Heimatliebe hat mit Vaterlandsverehrung nichts zu schaffen. Daß sich die Vaterlandsprediger auf Heimatsempfindungen beziehen, hat seinen Grund eben darin, daß der naturnahe Mensch naturmäßige Hinweise braucht, um naturfremde Wertsetzungen ins Gefühl aufnehmen zu können. Heimatliebe hat der Mensch, dessen Wachstum aus landschaftlichen und klimatischen Reizen gefördert wurde. Jedes nicht aus seiner natürlichen Umgebung gerissene Tier empfindet Heimatliebe, ohne sie je in Vaterlandsgefühl umzudeuten, ohne je für seine Heimat erweiterte oder umpanzerte Grenzen zu wünschen. Ein Tier ohne Heimat wird füglich auch keine Heimatliebe spüren, höchstens Sehnsucht nach Heimat. Nicht anders ist es beim Menschen. Kann der mangelhaft ernährte, in einem ungesunden Kellerloch aufwachsende junge Mensch seine trübe Kindheitsumgebung als lockendes Heimatbild über seinem Lebensweg leuchten lassen? Kann er – und dies ist doch wohl das Erkennungszeichen der Heimatliebe – in der Ferne vom Verlangen bewegt werden, vom Dunstkreis seiner Herkunft wieder umfangen zu werden? Wessen Jugend kein Heim hatte, wessen Heim keine Freude barg, der hatte auch keine Heimat, mit der ihn eine Liebe verbinden könnte. Eine Pflicht zur Liebe aber gibt es nicht, und daß man Heimatliebe zur Pflicht erhebt, indem man dem, dessen Fuß nie ein heimatliches Stück besonnten Landes berührt hat, von einem Vaterlande zu überzeugen vermochte, das seine Hingabe, seine Liebe, seinen Heldensinn, sein Blut und sein Leben fordern dürfe, das zeigt, bis zu welchem Grade der Verzerrung der Autoritätswahn die menschliche Seele hat verunstalten können.

Der Bauer, soweit er nicht schon als Ausgebeuteter, dem Großgrundbesitz und der Staatskasse Verschuldeter oder auch selbst zum kapitalistischen Ausbeuter Erniedrigter dem bäuerlichen Naturgefühl entfremdet ist, hat Heimatliebe, weil er wirkliche Heimat hat. Ein bestimmtes Stück Land umfängt ihn, ernährt ihn, ist ihm in Sorge und Freude vertraut; seine Arbeit verschmilzt mit seinem ganzen persönlichen Leben, seine Scholle ist sein Nest, die Natur, ganz gebunden an die Landschaft, ist sein Besitzgut, und von ihr hängt das Gedeihen oder das Mißlingen seines Daseins ab. Der Bauer fühlt sich nicht als Eigentümer seines Bodens, sondern als Besitzer; er sitzt darauf mit denen, die viel weniger seine machtunterworfene Familie als seine in gegenseitiger Verpflichtung verbundenen Helfer sind. Wohl hat das Priestertum auch in der Bauernschaft den Geist der Autorität hochzüchten können, so daß bei der Beharrlichkeit des bäuerlichen Denkens die Grundsätze der ehelichen Gebundenheit und der Vaterhoheit, zumal in ihrer geschickt gefädelten Verquickung mit den Regelungen des Familien- und Erbrechts die Welterneuerung auch auf dem Lande noch genügend Vorurteile der Macht zu überwinden haben wird. Dennoch hat hier der kommunistische Anarchismus nicht das unzugänglichste, sondern das dankbarste Feld seiner Zukunft zu erkennen.

Die Bauernschaft nämlich ist bis auf zeitliche Erschütterungen durch politische Bearbeitung, die sich jedoch auf Erregung von Mißverständnissen zur Stimmengewinnung beschränken mußte, auch nur verhältnismäßig geringe Massen der Bauernbevölkerung überhaupt erreichte, gegen das Eindringen nationalistischer Einflüsse stets giftfest geblieben. Grade die tiefe Verwurzelung mit der Heimat schließt das Vaterlandsgefühl im Landvolk ganz aus, das ihm mit dem Vorgeben zugemutet wird, die Heimat erstrecke sich über das ganze jeweils staatlich beherrschte Land, welches, dem heimischen Acker gleich, innerhalb der geltenden Staatsgrenzen zu lieben sei, wobei vor und nach Kriegen das mit solcher Liebe zu umfangende Gebiet in neuen, engeren oder weiteren Grenzen ins Heimatgefühl einbezogen werden müsse. Der bäuerliche Geist kennt weder eine seelische Zusammengehörigkeit mit Menschen, zu denen gar keine gemeinsamen Lebenswege laufen, mögen diese Menschen immerhin innerhalb der gleichen Staatsgrenzen wohnen, noch kennt er Haß und Geringschätzung gegen Fremde, die nicht schädigend in seine Kreise einzudringen suchen, mögen diese Fremden diesseits oder jenseits eines Gebirgszuges hausen, mögen sie eine Hautfarbe, eine Kopfform, eine Ahnenreihe haben wie sie wollen. Dagegen sträubt sich die Natur des Bauern aufs heftigste gegen alles, was ihm die Selbstbestimmung in seinem Schaffensbezirk schmälern will, was den Geist der gegenseitigen Verständigung auf dem Lande durch obrigkeitlichen Befehl zu ersetzen sucht, gegen jedes Dreinreden einer Zentralstelle in seine Angelegenheiten, gegen Beamtentum und Bürokratie, gegen den Staat, wo das Dorf in Frage steht, gegen das Gesetz, wo Verträge möglich sind. Jeder

Bauer ist, ohne es zu wissen, Anarchist, und der kommunistische Anarchismus hat die größte Anwartschaft, einmal von Bauern verwirklicht zu werden, da der Gedanke, daß in voller Gleichberechtigung und unter Ausschließung des zentralen Gebotes jeder nach seinen Fähigkeiten arbeiten, jeder nach seinem Bedarf verbrauchen soll, den Naturwillen enthält, wie er bei aller Verleugnung durch menschliche Machtveranstaltungen unverlierbar fortbesteht und wie ihn die Bauern in allen Ländern und Gegenden im Gefühl am Leben wissen. Das Bauerntum hat kein Staatsbewußtsein und wird keines lernen, denn es hat das Bewußtsein der eigenen Kraft, das ist das Bewußtsein der Persönlichkeit und der föderativen, bündnishaften Gemeinschaft von Persönlichkeiten zur Versorgung der gesellschaftlichen Geschäfte. Die Anarchie wird ihre Stätte zuerst auf dem Lande finden, weil das Land nie ganz aufgehört hat, in Anarchie zu leben und zu wirtschaften.

In Anarchie leben, in Anarchie wirtschaften heißt aber dem Leben und der Wirtschaft die *Ordnung der Freiheit* schaffen. Das nämlich ist die Erkenntnis der anarchistischen Lehre: es gibt keine Ordnung ohne Freiheit, und Staat und Zentralismus, Autorität und Macht sind nicht allein unvereinbar mit aller Freiheit, sie sind auch unvereinbar mit aller wirklichen Ordnung im lebendigen Gesellschaftsgeschehen. Was im vorigen als die Wesensform des Föderalismus zu bestimmen versucht wurde, kann im allgemeinen zugleich als die Organisation freiheitlicher Ordnung gelten. Unter Ordnung versteht der Sprachgebrauch die Innehaltung einheitlicher Gesichtspunkte im gesellschaftlichen Handeln. Wo Zentralismus, also die Regelung der Dinge nach obrigkeitlichen Anweisungen, waltet, unterliegen die Gesichtspunkte des gesellschaftlichen Handelns den wechselnden Nutzzwecken der Macht; ihre Einheitlichkeit ist daher nicht verbürgt. Das Ineinandergreifen der schaffenden Kräfte, die das einzige Merkmal lebendiger Ordnung ist, wird zur mechanischen Geschäftigkeit, zum Zwangsdienst zusammenhangloser Leistungen verdorben. Zusammenhanglosigkeit aber ist das Gegenteil von Ordnung, nämlich Unterordnung, Drill, Zucht, Unfreiheit, Knechtschaft. Eine geordnete Gesellschaft besteht durch verbundenen Willen der Menschen zur Erfüllung einheitlich erkannter, gemeinsamer Aufgaben, setzt also Gleichheit, Gegenseitigkeitsverpflichtung und soziales Verantwortungsbewußtsein jedes einzelnen voraus. Mit einem Wort: Ordnung im Sinne anarchistischer Auffassung kann nur wachsen aus der Selbstbestimmung derer, die Ordnung halten sollen. Ordnung aus Selbstbestimmung aber ist gleichbedeutend mit gesellschaftlicher Freiheit.

Freiheit ist der Inbegriff alles anarchistischen Denkens und Wollens. Um der Freiheit willen sind wir Anarchisten, um der Freiheit willen Sozialisten und Kommunisten, um der Freiheit willen kämpfen wir für Gleichheit, Gegenseitigkeit und Selbstverantwortlichkeit, um der Freiheit willen sind wir international und föderalistisch gesinnt. Dennoch ist das Wort Freiheit in dieser Aufzeichnung eines Grundrisses des anarchistischen Weltbildes bis jetzt mit Bedacht vermieden worden. Das geschah, weil der Wille zur Freiheit so ursprünglich und tief in den Seelen der Menschen steckt, daß keine noch so autoritäre Lehre ohne die Anwendung des Freiheitsbegriffs und die Behauptung, sie sei die eigentliche Inhaberin des Freiheitsgedankens, auskommen kann. Sogar jeder Staat, sei er demokratisch, faschistisch oder bürokratisch regiert, beruft sich auf die Freiheit, wenn er Gesetze erläßt, Kriege führt und Gesinnungen unterdrückt. Alle Revolutionen werden unternommen, weil die Unfreiheit unerträglich geworden ist, und ihr belebender Kampfruf gilt immer der Freiheit. Aber noch alle Revolutionen sind verlorengegangen oder doch von dem Wege abgeglitten, den die Revolutionäre gehen wollten, weil das Verlangen nach Freiheit unerfüllt geblieben ist. Denn keine Partei, die sich an die Spitze einer Revolution stellt, um sich an die Spitze des Volkes zu stellen, das heißt, um die Macht über die Menschen zu ergreifen, geht in ihrer Freiheitswerbung je über das Versprechen hinaus, sie werde den Zustand beseitigen, in dem sich das Fehlen von Freiheit gerade in die Erscheinung setzt. Niemals erfahren ihre Anhänger in faßlicher Bestimmtheit, wie die verkündete Freiheit insgesamt beschaffen sein soll. Im besten Falle werden Freiheiten versprochen, die in einzelnen Punkten Erleichterungen gegen das Bestehende darstellen, nicht aber ein freiheitliches Gesellschaftsbild insgesamt zeigen.

Freiheit ist indessen nichts, was gewährt werden kann. Freiheit wird genommen und gelebt. Auch ist Freiheit keine Summe von Freiheiten, sondern die alle Lebensumstände umfassende Einheit der von jeder Obrigkeit und jeder Autorität gelösten Ordnung der Dinge. Es gibt keine Freiheit der Gesellschaft, wenn die Menschen in Unfreiheit leben. Es gibt keine Freiheit der Menschen, wenn die Gesellschaft unfrei, zentralistisch, staatlich, machtmäßig organisiert ist. Die Freiheit der Anarchie ist die freie Verbündung freier Menschen zu einer freien Gesellschaft. Frei ist der Mensch, welcher freiwillig handelt, der alles, was er tut, aus der eigenen Einsicht der Notwendigkeit oder Wünschbarkeit seiner Tat verrichtet. Die Voraussetzung dafür, daß jeder Mensch nur in freiwilliger Entschlossenheit das Seinige tut, ist eine Gesellschaft, die keine Vorrechte durch Macht oder Eigentum kennt. Alles Eigentum und alle ideelle Macht schafft Abhängigkeit, hebt somit die Freiwilligkeit aller in allem Beschließen und Handeln auf, ist also mit wirklicher Freiheit unvereinbar. Daher haben die Individualisten unrecht, wenn sie den Satz aufstellen, jeder Mensch habe den Anspruch auf Freiheit, doch ende dieser Anspruch bei der Freiheit des Nebenmenschen. Wo das Recht auf Freiheit für den einzelnen irgendeine Schranke findet, besteht keine gesellschaftliche Freiheit. Wenn nämlich die Begriffe Freiheit und Freiwilligkeit völlig gleichgesetzt werden, kann die Freiheit des einen niemals durch die Freiheit des anderen beeinträchtigt werden. Andernfalls liefe ja die die Freiheit des Mitmenschen störende Handlung auf Inanspruchnahme eines Vorrechtes hinaus, es bestände also der Zustand der Macht und der Unterordnung. Wer jedoch Vorrecht und Macht ausüben will, ist dabei auf die Willfährigkeit von Mitmenschen angewiesen, handelt also selbst nicht mehr unabhängig. Auch hieraus wieder ergibt sich die vollständige Einheit von Gesellschaft und Persönlichkeit und die Richtigkeit der oben aufgestellten Behauptung, daß niemand frei sein kann, ohne daß es alle wären. Es bliebe noch der alte Einwand zu entkräften, daß die Freiheit der Menschen an der Erfahrungstatsache scheitere, die die Unselbständigkeit der meisten und ihr Angewiesensein auf einen *Führer* erweise. Abgesehen davon, daß die Unselbständigkeit der Mehrzahl das Erziehungsergebnis sämtlicher autoritären Mächte ist, die je Seelen und Arbeitskräfte der Menschen ausgebeutet haben, kann die unzweifelhafte Richtigkeit des Gemeinplatzes, daß es verschiedene Begabungen gibt, und daß für manche Erfordernisse Anweisungen geeigneter Sachkundiger zweckmäßig sind, als Beweis für die Naturbedingtheit gesellschaftlicher Unfreiheit nur von Leuten geltend gemacht werden, die unter dem Einfluß autoritärer Erziehung jeden Glauben an Freiheit verloren haben und selbst nach Macht streben. Wir Anarchisten verabscheuen eine Führerschaft mit Befehlsgewalt und auf Dauer gesicherter Wirksamkeit, also jede Staatsregierung, Beamtenschaft und Parteizentrale, jede Diktatur und jede Klüngelherrschaft. Aber wir leugnen weder die Nützlichkeit des Spielleiters im Theater noch des Vorsitzenden einer Versammlung oder des Kapitäns auf einem Schiff. Hier teilen persönliche Eigenschaften dem Geeigneten bestimmte Aufgaben in bestimmten Fällen zu. Im politischen Kampf und ebenso beim Aufruhr oder in der Abwehr bewaffneter Angriffe gilt dasselbe. Wie eine wandernde Herde dem Leittier folgt, das nicht gewählt ist, sondern voran geht, weil es sich die beste Witterung zutraut, aber ermüdet sogleich von jedem anderen Tier abgelöst werden kann, so verhält es sich bei den Menschen auch. Es gibt Wortführer, es gibt Rädelsführer, das sind Personen, denen gefolgt wird, weil sie am klarsten den Willen aller zum Ausdruck bringen oder am entschlossensten ans Werk des Handelns gehen. Führer ist, wer vormacht, nicht wer Gesetze gibt oder eine Gefolgschaft am Halfter hinter sich herzieht.

Führerschaft im Augenblick der Tat und ohne Anspruch auf Dauer und Verzicht der andern auf Urteil und Selbstbestimmung schließt keine Freiheit aus, solange die Freiwilligkeit der Diensteinteilung keine freiwillige Verknechtung bedeutet. Sie kann es nicht bedeuten, falls Freiheit und Freiwilligkeit immer als der umfassende Begriff für alle anarchistischen Gesellschaftswerte aufgefaßt wird. Es gibt keine Freiheit ohne Gleichheit, wie es keine Gleichberechtigung ohne Freiheit gibt. Völlige Freiwilligkeit ist nur möglich beim Bewußtsein wachster Selbstverantwortlichkeit und bei lebendiger Pflege gesellschaftlicher Gegenseitigkeitshilfe. Gegenseitigkeit aber und Selbstverantwortung, Selbstvertrauen, Selbstbestimmung können nur gedeihen, wo die Freiwilligkeit die Triebkraft alles Lebens ist.

Anarchismus ist die Lehre von der Freiheit. Wo Ausbeutung ist, wo Macht ist, wo Autorität waltet, wo Zentralismus besteht, wo der Mensch den Menschen bewacht, wo befohlen und wo gehorcht wird, ist keine Freiheit. Die Zerstörung aller Obrigkeit, aller Vorrechte, aller Eigentums- und Versklavungseinrichtungen kann nur aus freiheitlichem Gemeinschaftsgeist erfolgen. Die staatlose Gemeinschaft freier Menschen, – das ist Kommunismus, die Verbundenheit Gleicher in Freiheit, das ist Anarchie!

II

Der Weg des Anarchismus

Der wichtigste Einwand gegen den Anarchismus als gesellschaftliches Ideal ist der Zweifel, ob aus solcher Freiheitslehre je mehr werden könne als ein Ideal, ob zu seiner Verwirklichung ein gangbarer Weg überhaupt zu finden sei. Die Absicht dieser Schrift ist nur, die Meinung der Anarchisten und ihre Forderungen an solche Menschen niederzulegen, welche die Unfreiheit als Uebel empfinden. Wie weit die anarchistische Meinung sich wird durchsetzen können und wie weit die Kräfte der freiheitlich gesinnten Menschen sich einmal gegen die Widerstände autoritärer, zentralistischer, staatlicher Machtauffassungen Geltung verschaffen werden, läßt sich nicht voraussagen. Es geschieht in aller Menschengeschichte das, was der stärkste Wille mit den stärksten Mitteln erzwingt. Dabei kommt es nicht darauf an, daß die Stärke des Willens und der Mittel ziffernmäßig in Erscheinung tritt, sondern darauf, daß der Wille seine Kraft aus der Festigkeit, Einheitlichkeit und Wahrhaftigkeit einer Idee zieht, und daß die Mittel auf keine Nebenzwecke hinzielen und in allen Anwendungsformen der Idee zugehörig bleiben.

Der kommunistische Anarchismus ist in Weltanschauung und Zielsetzung revolutionär. Da die Grundsätze der gesellschaftlichen Freiheit auf dem Boden der kapitalistischen Rechts- und Wirtschaftsungleichheit keine Handhaben zur Verwirklichung finden, ist die vollständige Umpflügung des Bodens, die Neuordnung aller menschlichen Beziehungen, die Umwälzung sämtlicher organisatorischen Einrichtungen zur Regelung von Arbeit und Verbrauch Vorbedingung der Umgestaltung im Sinne anarchistischer Gemeinschaft. Gänzliche Wandlung der Lebensverhältnisse aller kann aber niemals auf dem Wege langsamer Entwicklung erreicht werden, durch die höchstens Verbesserungen innerhalb eines Gesellschaftssystems möglich sind. Wie die Entstehung von Bergen und Inseln in der Natur nach einem langen Entwicklungsvorgang von unterirdischen Umschichtungen durch die plötzliche Sprengung der die Ausweitung hemmenden Bestandteile des Meeresgrundes oder des Erdinnern geschieht, wie jede Geburt dadurch erfolgt, daß sich ein während des vorbereitenden Werdens im Mutterleibe eingeschlossenes, zu eigenem Sein bereites Lebewesen gewaltsam den Zutritt zum Licht erzwingt, so kann auch das Werden neuer Gesellschaftszustände nur nach geeigneter Vorbereitung und vorgeburtlicher Entwicklung durch revolutionären Ausbruch vor sich gehen. Wenn schlechte, faulige, unerträgliche Zustände herrschen, so ist das allerdings noch nicht genug, um der Revolution die Bahn frei zu machen. Die vorgeburtliche Arbeit an der neuen Gesellschaft muß soweit gefördert sein, daß ihr befruchteter Keim sich aus der Umschließung befreit und die Aufgabe der Revolutionäre sich in der Dienstleistung von Geburtshelfern erschöpft, denen danach die weit schwierigere Pflicht zufällt, die Revolution am Leben zu erhalten und ihr ein Wachstum zu sichern, dem alle Krankheitserreger der früheren Gesellschaft ferngehalten werden, und das die Ausformung des vorgestellten Ideals zur Wirklichkeit der lebendigen Menschengemeinschaft verbürgt.

Der Weg der Anarchie ist somit zunächst ein Weg revolutionärer Vorbereitung. Vorbereitung der Revolution geschieht auf dreifache Weise: durch Werbung, indem das Wesen der verwerflichen Zustände aufgezeigt und zu ihrer Beseitigung und zur Schaffung wünschenswerter Zustände ermahnt wird; durch Selbsterziehung, indem die Wahrnehmung schlechter Einrichtungen den Vorsatz weckt, sie zu ändern; endlich durch Kampf. In der anarchistischen Lehre ist nichts enthalten, was irgendeinen Menschen von der Teilnahme an den Zurüstungen zur Revolution ausschlösse, der sich durch sein Verhalten nicht selbst ausschließt. Die kommunistischen Anarchisten sind indessen in wohl allgemeiner Uebereinstimmung davon überzeugt, daß die Beseitigung übler Veranstaltungen und Einrichtungen nicht von denen zu verlangen ist, die sie geschaffen haben oder Nutzen aus ihnen ziehen, sondern daß alle Befreiung Sache derer ist, die die Fesseln der Unfreiheit tragen. Der Kampf gegen die Eigentumsrechte ist von denen zu führen, denen das Eigentum vorenthalten wird, der Kampf gegen Ausbeutung und Unterdrückung von den Ausgebeuteten und Unterdrückten, der Kampf gegen Herrenrechte von den Sklaven und Entrechteten. Gleichberechtigung, Gegenseitigkeit und Selbstbestimmung nach Maßgabe des sozialen Gewissens wird kämpferisch vorzubereiten sein von denen, auf deren Kosten die Ungleichheit und das Vorrecht, die Obrigkeit und der unsoziale Eigennutz sich auswirken. Die Befreiung der Gesellschaft vom Staat wird also vornehmlich von der Klasse zu leisten sein, zu deren Niederhaltung das kapitalistische System den Staat braucht, deren Gefügigkeit durch die Autorität von Kirche und Schule, durch die Machtgebilde von Vaterschaftsfamilie und Einehe, durch die Gewöhnung an zentralistische Organisationsformen zur Erreichung feindlicher Trennungen innerhalb aller Lebensgebiete, durch die Pflege nationalen und rassischen Dünkels, durch Gesetze, Strafen, Steuern, durch Erwerbslosigkeit, Hunger, Elend, schlechte Luft, Bevormundung und Entwürdigung betrieben wird. Die Befreiung vom Staat ist Befreiung aus der Klassenknechtung, die geknechtete Klasse muß Trägerin des Befreiungskampfes sein. Der Kampf für kommunistische Anarchie ist daher während der Zeit der revolutionären Vorbereitung als *Klassenkampf* zu führen.

Die Bejahung des Klassenkampfes durch die kommunistischen Anarchisten ergibt sich aus dem Bekenntnis zur Selbstbestimmung und Selbstverantwortlichkeit als notwendige Folge. Die Klassenscheidung der Gesellschaft im Staate ist eine Kampfmaßnahme des Kapitals gegen die Vermieter ihrer Arbeitskraft, die Proletarier. Indem die Arbeiter den Kampf als Klasse aufnehmen, betonen sie das natürliche Recht auf die eigene Bestimmung über ihre Lebenslage. Die Einsicht, daß die staatlichen Grenzziehungen Aeußerungen des Klassensystems sind, indem die künstliche Verfeindung der Arbeiter der verschiedenen Länder durch Züchtung nationaler Vorurteile die Verbrüderung der Ausgebeuteten verhindert, – diese Einsicht war der leitende Gedanke bei der Verständigung zur ersten Arbeiter-Internationale. Der grundlegende Wahlspruch aber, der sich international zusammenfindenden Arbeiterklasse war das Gelöbnis der Selbständigkeit des Proletariats in seinen Meinungen und Beschlüssen. Die Befreiung der Arbeiterklasse muß das Werk der Arbeiter selbst sein! In dieser Festlegung ist das Bekenntnis zur Selbstverantwortlichkeit, zur Gleichberechtigung, zur gegenseitigen Hilfe und zur Freiwilligkeit enthalten, wie in der internationalen Einigung zugleich die Verneinung des Staates, somit der Zentralisation, der Obrigkeit und der autoritären Macht ausgesprochen ist. Erst die Durchsetzung des Klassenkampfgedankens mit marxistischen Lehrmeinungen brachte zugleich die Klasseneinigung wie den Internationalismus der Arbeiter zum Zerfallen. Unter dem Einfluß des Marxismus schufen sich die Arbeiter zentralistische Partei- und Gewerkschaftsorganisationen, bevollmächtigten Beamte zur Wahrnehmung der Arbeiterinteressen, womit sie also ihren Befreiungskampf in die Hände übergeordneter Vertreter legten, beteiligten sich an den Wahlen zu den staatlichen Parlamenten, so daß der Staat mit seinen nationalen Grenzen für sie wieder gegenständliche Bedeutung erhielt und ließen sich sogar für den staatlich verwalteten Sozialismus einfangen. So ist der Arbeiter zum Staatsbürger geworden, und sein Kampf gegen die Ausbeutung zerschellt an dem Widerspruch, daß er den die Ausbeutung bedingenden öffentlichen Apparat stützt und stärkt.

Die besondere Taktik der Anarchisten gegenüber den Marxisten in allen Einzelheiten darzustellen, ist hier nicht der Ort, da diese Seiten nur einen allgemeinen Ueberblick über das Wesen des Anarchismus umreißen sollen. Die Führung des Klassenkampfes unter anarchistischen Gesichtspunkten bedarf aber nur der Anwendung der anarchistischen Gesinnung, um ihm die Aussicht auf die Befreiung des Proletariats zu sichern. Zur organisatorischen Zusammenfassung besteht für kommunistische Anarchisten weder eine Verpflichtung, noch ist die Idee des Anarchismus mit der Schaffung einer *Organisation* unverträglich. Nur wäre die Bildung zentralistischer Vereinigungen und bürokratisch geleiteter Zusammenschlüsse im Widerspruch zu der Grundlehre des Anarchismus, daß nur da gesellschaftliches Leben ist, wo jeder Persönlichkeit der willensbewußte Einfluß auf alle Festlegungen und Unternehmungen zusteht. Die Führung des Klassenkampfes in eigenen Gewerkschaften, wie ihn die anarcho-syndikalistische Bewegung betreibt, ist vom Standpunkte des freiheitlichen Sozialismus völlig unangreifbar, und nicht derjenige verletzt anarchistische Grundsätze, der sich mit gleichstrebenden Genossen in wirtschaftlichen Kampfverbänden zusammenschließt, sondern derjenige, der föderalistisch aufgebaute Berufs- oder Betriebsorganisationen angreift, weil er selbst aus noch so wohlerwogenen Gründen ihnen nicht beitreten mag. Hierin gerade ruht die Kraft des föderalistischen Gedankens, daß niemand gehalten ist, sich einem Programm unterzuordnen, das er nicht selbst mit aufgestellt hat und dem er nicht in allen Punkten zustimmt. Der beliebte marxistische Angriff auf die Anarchisten, bei ihnen gäbe es Dutzende von verschiedenen Richtungen und Ansichten, schlägt nicht allein deshalb fehl, weil auch der Marxismus sich in zahllose Gruppen spaltet, sondern vor allem, weil ein kameradschaftliches Nebeneinander erst dadurch ermöglicht wird, daß jeder Meinung die Art ihrer Vertretung und die Form ihres Kampfes völlig freigestellt bleibt, ohne daß deswegen Streit und Vorrangsanspruch entstehen müßte. Die zentralen Bürokratien der marxistischen Gruppen müssen trotz ihrer nahen Verwandtschaft in allen politischen und allgemeinen Anschauungen erbittert gegeneinander kämpfen, weil gegenseitige Duldsamkeit immer der Autorität Abbruch tut, und weil jede Abgrenzung von Herrschbereichen notwendig feindselige Abgrenzung bedeutet. Föderalistische Gruppenbildungen hingegen fördern die nachbarliche Eintracht, indem sie freundschaftliche Trennungen bewirken, wo keine Uebereinstimmung vorhanden ist, was das Zusammengehen in den übrigen Angelegenheiten um so ersprießlicher macht. Wenn hier und dort auch zwischen benachbarten anarchistischen Vereinigungen Unverträglichkeit und Ränkesucht vorkommt, so ist das keine Widerlegung der Föderation, es ist nur ein Beweis dafür, daß die Ueberlieferung des Zentralismus, des Machtgelüstes, der Unduldsamkeit ihre Krallen noch nicht überall von den Geistern selbst solcher Menschen gelöst hat, die mit dem Verstande die Vorteile des Föderalismus begriffen haben.

Die von unten aufgebaute Organisation führt Personen zu Bünden zusammen, oft die gleichen Personen zu verschiedenartiger Verbündung. Man organisiert sich unter dem Gesichtspunkt der unmittelbaren Zusammengehörigkeit nach Gesinnung, Aufgaben und Oertlichkeit. Die Gesinnungsgenossen, die zu gemeinsamer Tätigkeit Verbundenen, die in Häusern, Straßen, Gemeinden, Städten auf gleichmäßige Bedingungen Angewiesenen halten bei völliger Selbständigkeit in allen Entschlüssen gute Fühlung zu Bünden ähnlicher Beschaffenheit. Es findet dauernde gemeinsame Beratung in betrieblichen, beruflichen, weltanschaulichen Dingen statt, der Grundsatz der gegenseitigen Unterstützung ist für alle gemeinschaftlichen Maßnahmen verbindlich, ohne der Selbstverantwortung jeder Persönlichkeit und jeder Gruppe Abbruch zu tun. Es entsteht ein netzartiges Gewebe bis ins Einzelglied selbständiger, einander wechselseitig durchwirkender Arbeits-, Gesinnungs- und Nachbarsbünde, deren Einfluß- und Raumgebiet von Hof zu Hof, von Dorf zu Dorf, von Bezirk zu Bezirk, von Provinz zu Provinz, von Land zu Land, oder auch von Werkstatt zu Werkstatt, von Betrieb zu Betrieb, von Industrie zu Industrie, kurz in jeder wirtschaftlichen und geistigen Beziehung von Mensch zu Volk und Gesellschaft ausgreift und in lebendiger Gemeinschaft alle Beteiligten allen anderen Beteiligten kameradschaftlich zuteilt. Die anarchistische Organisation hat stets so auszusehen, daß sie im Kleinen das Bild der erstrebten freiheitlichen Gesellschaftsorganisation vorführt.

Ebenso wie bei der Gestaltung der Organisationsformen gilt auch für das gesamte übrige Verhalten der Anarchisten die allgemeine Regel: der Weg zum vorgesteckten Ziel soll geradeaus führen, das heißt, es soll kein Umweg benutzt werden, bei dem das Ziel je aus den Augen verloren werden kann. Schon beim ersten vorbereitenden Schritt und weiterhin ohne Unterbrechung bis zum Ausbruch der sozialen Revolution und in allen Entwicklungsstufen beim Aufbau der freien kommunistischen Gesellschaft haben für die Anarchisten die leitenden Grundlehren der Gleichberechtigung, der Selbstverantwortung, der sozialen Gerechtigkeit, des Föderalismus und der vollständigen Freiwilligkeit im Wollen und Handeln das Vorgehen zu bestimmen. Alles Tun ist aufs Letzte und aufs Ganze gerichtet; jede Maßnahme erfolgt in der Erkenntnis, daß Persönlichkeit und Gesellschaft eine materielle und sittliche Einheit ist; der einzelne Anarchist, der anarchistische Bund, der Bund anarchistischer Bünde richtet in Werbung, Erziehung, in Kampf und Benehmen seinen ganzen Willen auf die Verwirklichung der staatlosen sozialistischen Freiheit, schaltet Nebenzwecke aus und lebt im verpflichtenden Bewußtsein, durch sein Beispiel in der Gegenwart die Möglichkeit eines freiheitlichen und gerechten Lebens der künftigen Menschheit zu beweisen.

Aus dieser allgemeinen Regel ergibt sich das Verhalten der Anarchisten in der *Politik* von selbst. Die Behauptung, die Anarchisten verneinten den politischen Kampf überhaupt, ist eine törichte, durch nichts gerechtfertigte Unterstellung. Politik ist Beschäftigung mit den öffentlichen Dingen. Der Vorsatz, die öffentlichen Dinge zu ändern, ist also allein schon und erst recht in Verbindung mit der planmäßigen Verfolgung dieses Vorsatzes, Bestandteil der Politik. Es handelt sich hier um eine marxistische Verdächtigung, um den Anarchismus wegen seiner Ablehnung einer Politik, die den Sozialismus auf dem Wege der Teilnahme an der Verwaltung des Staates herbeiführen möchte, als unkämpferisch oder kampfunfähig erscheinen zu lassen. Die anarchistische Formel für den politischen Kampf war von jeher: Ablehnung jeder Politik, die nicht unmittelbar und direkt die Befreiung der Arbeiterklasse zum Ziele hat. Damit ist klar ausgedrückt, daß gerade die marxistische Politik der parlamentarischen Tätigkeit in den vom Kapital eingerichteten staatlichen Machtorganen von den Anarchisten als kampfhemmend angesehen wird, da sie nicht nur die Abgeordneten von ihrer Klasse loslöst und zur Oberschicht macht, sondern noch dazu den staatlichen Verwaltungsorganen den belebenden Auftrieb einer Opposition schafft, keinerlei Nutzen für das werktätige Volk im Sinne sozialistischer Förderung bewirken kann und die Proletariermassen mit der Einbildung füttert, die Uebertragung ihrer Initiative auf mit weitreichenden Vollmachten versehene Vertreter ersetze den notwendigen selbstverantwortlichen Kampf der Arbeiterklasse selbst. Gar nicht davon zu reden, daß die Abordnung von Parlamentariern, Regierungsorganen, Stadträten, Staatsbeamten die Autorität jeder zentralen Obrigkeit befestigt und den Machtgedanken im Proletariat ungeheuer stärkt. Die Anarchisten verweigern dem Staat jede Art Hilfe. Ihre Politik erschöpft sich im Einsatz jedes einzelnen Individuums und aller autoritätsfeindlichen Vereinigungen zum unmittelbaren, auf das Ziel gerichteten Kampf gegen den Staat, gegen die staatlichen Einrichtungen und gegen alle zentralen Machtgebilde.

Damit beschränkt der Anarchismus nicht etwa seine Kampfmittel; er scheidet nur aus ihnen die Waffen aus, die er als stumpf erkannt hat. Die sich aus der anarchistischen Weltanschauung von selbst empfehlende Kampfesweise ist die des *unmittelbaren Eingreifens*. Da die Macht des Kapitalismus in der Produktionsweise und den Eigentumsrechten der bestehenden Gesellschaft gipfelt, bevorzugt die anarchistische Lehre den politischen Kampf in wirtschaftlichen Formen. Der vereinigte Wille der Menschen, deren Hände die Hebel der Maschinen bewegen, ist imstande den gesamten kapitalistischen Apparat stillzulegen. Der Streik, die Unmöglichmachung der Arbeit (Sabotage), der passive Widerstand durch übertrieben genaue Beobachtung der Betriebsvorschriften, durch Behinderung von Streikbrechern, durch absichtliche Pfuscharbeit, die Sperre (Boykott) für gewisse Waren sind Methoden der sogenannten direkten Aktion, alles Maßnahmen, die an den Opferwillen und die Entschlußkraft des einzelnen hohe Anforderungen stellen. Der Anarchismus schließt kein Kampfmittel aus, das der Persönlichkeit des Kämpfenden die Aufgabe stellt, unmittelbar einzugreifen oder seine Mitwirkung an gemeinschädlichen Maßnahmen, an unsozialen Arbeiten, an herausfordernden Zumutungen unter Einsatz seiner Person zu verweigern. So sollte kein Anarchist an staatlichen Kriegen teilnehmen, die stets für kapitalistische Zwecke von Proletariern gegeneinander ausgekämpft werden und die nicht nur alle Grundsätze des gleichen Rechtes, der gegenseitigen Hilfe und der Freiwilligkeit verhöhnen, die selbstverständlichen Empfindungen der Menschlichkeit und jedes sittlichen Anstandes schänden, und die internationale Zusammengehörigkeit der Ausgebeuteten an die nationalen Interessen der international versippten Ausbeuter verraten, sondern mehr als alles andere dazu beitragen, den Machtgedanken und damit den Glauben an die himmlische und irdische Autorität, die Herren- und Sklaveninstinkte derer, die beherrscht werden sollen, ins Triebleben der entwürdigten Menschheit einzupflanzen.

Es braucht nicht im einzelnen aufgezählt zu werden, wo alles sich Möglichkeiten bieten, mit dem Mittel des unmittelbaren Eingreifens selbstverantwortlich und in gegenseitiger Hilfe den Lauf der öffentlichen Dinge im Sinne der Freiheit zu beeinflussen. Arbeitsverweigerung beim Bau von Kriegsschiffen, Kasernen, Zuchthäusern, Justizgebäuden, bei der Herstellung von Kriegswaffen, Polizeimunition, arbeiterfeindlichen Zeitungslügen, dies und tausend andere Arten der Selbsthilfe im politischen Kampfe gibt es, die dann angewendet werden können, wenn Entschlußkraft des einzelnen, verbundener Wille, Einsicht und Opferbereitschaft groß genug sind. Bei der Anwendung der Kampfmittel des persönlichen Eingreifens kann die Frage, ob sich Anarchisten an den Tageskämpfen um Lohn und Arbeitszeit beteiligen sollen, ganz ausscheiden. Der Verfasser dieser Schrift teilt mit einer großen Zahl Anarchisten die Ansicht, daß das Einsetzen der eigenen Kraft eines Arbeiters für bessere Bezahlung bei verkürzter Leistung mit der Forderung, nur Kämpfe zu führen, die unmittelbar auf Befreiung gerichtet sind, in keinem Widerspruch steht. Der Bestand der kapitalistischen Wirtschaft wird durch Forderungen der Arbeiter, die nur fürs tägliche Brot geführt werden, nicht gestärkt, wie die Staatsmacht durch Teilnahme von Arbeiterparteien am Parlamentarismus gestärkt wird. Dagegen hebt jeder Streik das Selbstgefühl des Teilnehmers, vertieft das Gefühl kämpferischer Zusammengehörigkeit der Kameraden und erleichtert beim Erfolge die äußere Lebensführung des Arbeiters, wodurch nur Schwächlinge tatfaul, freie und starke Naturen aber beschwingt werden. Der Klassenkampf ist ein vom Kapitalismus geschaffener Zustand; die Weigerung der Arbeiter, sich innerhalb der gegebenen Verhältnisse an diesem Kampf auch dann zu beteiligen, wenn dadurch unmittelbare revolutionäre Erfolge nicht erzielt werden können, hieße, dem Feinde den Rücken widerstandslos hinhalten, ihn allein den Klassenkampf führen lassen und dadurch die eigene Kraft für den Augenblick schwächen, wo der Zustand des Klassenkampfs in entscheidende Auseinandersetzung übergehen könnte.

Die anarchistische Lehre schreibt keine Kampfmethode vor und lehnt keine ab, die mit Selbstbestimmung und Freiwilligkeit in Einklang steht. So ist bei gewaltsamen Aufständen der Wille des einzelnen allein ausschlaggebend für die Art seiner Mitwirkung, auch dafür, ob und wie weit er sich in Kampfverbände eingliedern mag, deren Taktik in mancher Hinsicht von freiheitlichen Gesichtspunkten aus angreifbar ist. Es liegt nicht im Charakter eines jeden Menschen, bei großen Geschehnissen prüfend und nörgelnd abseits zu stehen, wenn nicht alles nach seinen Wünschen geschieht und lieber gar nichts zu tun als einem Kampfe beizustehen, der nicht überall vom rechten Geist erleuchtet ist. Noch immer, wo revolutionäre Kämpfe geführt wurden, waren die Anarchisten erfreulicherweise fast ausnahmslos dabei, an der Seite der Arbeiter, die zentralistischen Einflüssen unterstanden und autoritär mißleitet wurden. Hier entschied das soziale Zugehörigkeitsgefühl, das Bewußtsein der Gegenseitigkeitsverpflichtung aller Ausgebeuteten, der unbezähmbare Kampfwille, der es nicht erträgt, andere gegen den gemeinsamen Feind allein zu lassen und vor allem der Wunsch, den Mut, die Aufopferung, die Leidenschaft, die da, wenn auch vielleicht mit schiefer Zielsetzung, Herrliches leistete, mit freiheitlichem Schwung zu beseelen. Mag bei solchem Wollen mancher Anarchist ziemlich weit aus seiner eigenen Bahn geraten sein, er hätte an der anarchistischen Idee erst dann Verrat geübt, wenn er die Kämpfer mit schulmeisterlichen Ordnungsrufen im Kampfe behindert hätte. Die Freiheit ist kein mustergeschütztes Gut mit ringsum abgemessenen und abgewogenen Eigenschaften. Die Freiheit ist ein geistiger Lebenswert, der überall Zugang finden kann, wo Kraft in Bewegung gekommen ist. Aufgabe der Anarchisten ist, der Freiheit den Zugang zu schaffen, wo Menschen im Kampf stehen.

Von derselben Seite, die den Anarchisten die Enge ihres politischen Tätigkeitsfeldes glaubt zum Vorwurf machen zu sollen, weil sie die Vergeudung von proletarischen Kampfkräften in Stimmzettelhäufung als klassenkampfwidrig angreifen, wird ihnen eine bestimmte, in der Vergangenheit vielfach von Anarchisten angewendete Form des unmittelbaren Zufassens verübelt. *Die gewaltsame Einzeltat*, erklären die Marxisten, sei verwerflich, weil sie das planvolle Handeln der Massen im revolutionären Kampfe durchkreuze und infolgedessen den gegenrevolutionären Kräften willkommene Vorwände zu Vergeltungsmaßregeln liefere, so daß also die ganze Klasse für das Unternehmen eines einzelnen büßen müsse. Der Grund für diese Verurteilung individueller Tötungen, Brandlegungen, Enteignungen und ähnlicher Taten aus politischer Ueberzeugung ist sehr durchsichtig. Sie fließt durchaus nicht aus moralischen Bedenken, denen in der marxistischen Denkweise ja allenthalben nur eine sehr untergeordnete Rolle zukommt; auch wird von diesen Bekämpfern des individuellen Schreckens der Massenschrecken als politisches Kampfmittel ausdrücklich gebilligt. Es ist die Feindschaft autoritärer Zentralisten gegen jede selbstverantwortliche Regung einer nach eigenen Ueberlegungen handelnden Persönlichkeit, die sogar die Aufopferung des Lebens im Dienste der revolutionären Idee mißbilligt, wenn die Tat nicht von einer zentralen Obrigkeit beschlossen, befohlen und beaufsichtigt wird. Jedes Heraustreten eines einzelnen Menschen im Kampfe bedeutet eine vom Standpunkt des Herren-, Priester-, Vater- oder Zentrale-Denkens schädliche Minderung der beglaubigten Macht, bedeutet den Beweis, daß wirksame Taten auch auszuführen sind, wenn sie nicht von oben her gelenkt und berechnet sind. So blöde die Meinung ist, die individuelle Gewalt sei ein ausschließlich anarchistisches Werbemittel – in der neueren Zeit sind politische Morde fast nur von Nationalisten begangen worden –, ebenso blöde ist die Ansicht, sie könne im Klassenkampf keine Stätte haben oder die Anarchisten hätten Anlaß, sich von den Gewalttätern aus ihren Reihen abzugrenzen. Hier entscheidet vollständig selbständig die Persönlichkeit über die Tat, und kommt die Persönlichkeit aus anarchistischer Ueberzeugung zum Beschluß und zur Ausführung, so unterliegt das Geschehen selbstverständlich der Beurteilung nach Zweckmäßigkeit und Erfolg, aber niemals der Verurteilung aus der Klassenkampfgesinnung heraus. Die anarchistische Freiheitslehre stellt das Recht der Persönlichkeit viel zu hoch, als daß sie es da, wo eine beleidigte Natur ihrem Gefühl den Ausdruck der Vergeltung gibt, wo ein freiheitlich gesinnter Mensch der Werbung, der Warnung, der Einschüchterung, des Trotzes wegen oder um ein Kampfzeichen zu geben mit einer aufschreckenden Tat vor die Welt tritt, verleugnen sollte. In dieser Betonung der Persönlichkeit liegt zugleich die heftige Zurückweisung der marxistischen Auffassung, Gewalttätigkeit werde dadurch gerechtfertigt, daß sie auf zentrale Weisung geübt werde. Gerade dann entsteht mechanische Gewalt, die Hand, die sie ausführt, ist bloßes Werkzeug, der Mensch, der sie begeht, bloßes Vollzugsorgan. Nur die Tat aber ist nach anarchistischer Denkart sittlich zu verantworten, die aus freiem Willen des Täters, nach der Erwägung im eigenen Hirn, aus der eigenen ernsthaft überprüften Ueberzeugung und unter Einsatz des eigenen Lebens dessen, der sie beschlossen hat, mit dem Bewußtsein unternommen wird, ein Werk gegenseitiger Hilfe, ein Werk brüderlicher Pflicht, ein Werk im Dienste der Idee und der Klasse zu verrichten. Ob es sich dabei um die Tat eines einzelnen, um die Verschwörung Verbündeter oder um eine Massenunternehmung handelt, macht dann keinen Unterschied, wenn jeder Mittäter Herr des eigenen Handelns bleibt, nur tut, was er selbst überlegt und wozu er sich aus seinem sozialen Gewissen heraus entschlossen hat, und die ganze Persönlichkeit freiwillig und ohne Untertanengehorsam und Machtfurcht für die gemeinsame Sache einsetzt.

Einsatz der Persönlichkeit ist der anarchistische Weg zur Revolution, wie späterhin die Bedingung zum Siege der Revolution und endlich das Mittel zur Errichtung der staatlosen Gesellschaft und der Inhalt des Lebens im Kommunismus. Das ist der Sinn alles unmittelbaren Eingreifens durch Streik, Sabotage, Widerstand, Weigerung, individuelle oder verschwörerische Tat, daß jeder einzelne Beteiligte mit Leib und Willen dabei sein muß, daß alles was geschieht in freier Uebereinstimmung der Handelnden selbst geschieht, daß keiner zentralen Leitung gefolgt wird, sondern dem selbstverantwortlichen Pflichtbewußtsein der von gesellschaftlichem Geiste erfüllten Persönlichkeit. Wo Massen in Bewegung sind, müssen es zur Masse vereinte Persönlichkeiten sein, sonst kann ihre Bewegung nicht zur Freiheit führen, sondern nur zur Uebertragung von Macht an diejenigen, die sie führen. *Die Kultur der Persönlichkeit* bedeutet nämlich nicht das Heranzüchten von Führern, sondern ist im Gegenteil der einzige Schutz gegen die Gefahr, von Führern mißleitet zu werden. Die zentralistischen Arbeiterparteien, wie überhaupt alle autoritären Organisationen und Mächte verlangen, um ihren Führern die blinde Gefolgschaft der Geführten zu sichern, durchaus keine Pflege der Persönlichkeit, und zwar ebenso wenig von den Führern wie von den Geführten. Wo Persönlichkeit wirkt, ist freiheitlicher Geist, der mit keinem Zentralismus vereinbar ist. Die autoritären Führer erheben sich über die Menge niemals durch die Ueberlegenheit in Charakter und geistigem Wert, sondern immer nur durch Befehlshabereigenschaften, die sich nur bei gering entwickelten Persönlichkeiten großziehen lassen. Daher ist es auch gewöhnlich so, daß die Führer zentralistischer Organisationen nicht durch eigene Willenskraft an die Spitze gelangen, sondern zu Führern ernannt, nicht einmal gewählt, werden, da sie die Eignung bewiesen haben, unkritisch Machtbefehle von einer ihnen überstellten Obrigkeit an ihre Untergebenen weiterzuleiten und mit autoritären Ansprüchen vor Kritik zu schützen. Solche Führer aber werden, ebenfalls durch Ernennung, zu verehrungswürdigen und unfehlbaren Personen aufgeblasen, was nur dadurch möglich wird, daß man den Persönlichkeitswert der Menschen allgemein zum Nichts herabdrückt. Je weniger die Persönlichkeitskultur gilt, um so üppiger steht der Personenkult in Ansehen. Der Anarchismus verwirft jeden Personenkult und wirkt ihm entgegen durch sorgsame Pflege der Persönlichkeit. Wo jeder alle sozial nützlichen und den eigenen Lebenswillen stärkenden Eigenschaften frei und unbehindert ausbreiten kann, sich seiner Besonderheiten und seiner Leidenschaften, sofern sie dem gemeinsamen Ganzen keinen Abbruch tun, vor niemandem zu schämen braucht, da ist die Achtung aller vor allen verbürgt, da ist gegenseitige Ehrung, da hat Macht, Vergottung, Kriecherei, Personenkult und Herrschaft keine Stätte.

Die Kampfbewegung des Anarchismus kann bei solcher Gesinnung nur die Bewegung in Freiwilligkeit vereinter Persönlichkeiten sein. Damit beantwortet sich die Frage von selbst, ob die Idee der Freiheit zu ihrer Pflege und Ausbreitung einer *Massenorganisation* bedarf. Sie bedarf des Zusammenschlusses aller Männer und Frauen, welche die Notwendigkeit der Anarchie als gesellschaftliche Lebensgrundlage erkannt haben und entschlossen sind, in föderativem Bunde unter Einsatz der ganzen Persönlichkeit jedes einzelnen, bei völliger Gleichberechtigung aller und nach dem Grundsatz der Freiwilligkeit jeder Leistung ihre Verwirklichung herbeizuführen. Je mehr Menschen sich zu dieser Aufgabe verbünden, um so rascher und sicherer wird die Befreiung der Gesellschaft vom Staat gelingen. Wenn alle Menschen Anarchisten sein werden, wird die Anarchie Tatsache sein. Dagegen ist die Ansammlung möglichst vieler Menschen in einer Organisation, gleichviel ob sie deren geistigen Inhalt in sich aufgenommen haben oder nicht, nie und nimmer das Mittel, einen Kampf zu bestehen, der auf Selbstverantwortlichkeit jedes Kämpfers, auf gegenseitige Durchdringung mit freiheitlichen Erkenntnissen und auf Entschlußfreiheit der Persönlichkeit fußen muß, soll er zur Zerstörung der Macht führen, ohne einer anderen Macht zum Aufstieg zu verhelfen. Die zentralistischen Parteien rufen zum Beitritt auf, indem sie nicht nach innerlich erfüllten Anhängern ihrer Zielsetzung suchen, sondern sich jedes Zulaufs freuen, der die Zahl ihrer Mitgliedschaft vergrößert. Da ihr Anhang von vornherein zur bloßen Gefolgschaft bestimmt ist und die Führer erledigt wären, wenn selbstdenkende Persönlichkeiten ihre Anweisungen prüfen dürften, bevor sie ihnen gehorchen, bedeutet Vermehrung der Zahl für sie Vermehrung von Macht. Sie sammeln autoritätshörige Nummern in ihren Pferch, und ihre Werbung vollzieht sich durch die Zusicherung von Vorteilen, falls die Geführten genau nach den Anordnungen der Führer ihnen die Befehlsgewalt über die Gesamtheit verschafft haben werden. Ihren Erfolg berechnen die Parteizentralen nach der Ziffer derer, die ihrem Rufe folgen. Auf Ueberzeugung legen sie so wenig Wert, daß sie ihre Werbetätigkeit hauptsächlich unter den Mitgliedern feindlicher Organisationen entfalten, die sie mit lockenden Versprechungen gewinnen, in ihre Reihen einzutreten. Eine Gesinnungswandlung wird dabei weder verlangt noch erwartet, der von der Aussicht auf Vorteile Geköderte aber ohne weiteres der Zahl der überzeugungstreuen Anhängerschaft zugerechnet: Jede zentralistische Organisation ist sogar bereit, der Massengewinnung wegen Abstriche und Aenderungen im Programm und im Kampfverfahren vorzunehmen, und noch jede revolutionäre Partei hat, da sie zur Vergrößerung ihres Mitgliederbestandes auf unrevolutionäre Massen angewiesen ist, Zugeständnisse an ängstliche Stimmungen und Versprechungen machen müssen, die sich auf bloße Ausbesserungen an den Erscheinungsformen des kapitalistischen Staates beschränken. Jede hat Anpassungen an kirchliche und nationalistische Erziehungsvorurteile vorgenommen, so daß mit der Hochzüchtung zentralistischer Organisationen zu Massenparteien zwingend die allmähliche Preisgabe der revolutionären und selbst der sozialistischen Zielsetzungen eintrat.

Die Zusammensetzung anarchistischer Vereine oder Bünde kann und darf keiner anderen Erwägung unterworfen sein, als dem Bedürfnis von Anarchisten, mit anderen Anarchisten zusammen für die Anarchie zu wirken. Der föderalistische Charakter aller anarchistischen Zusammenschlüsse kann den Gedanken, Massen von Teilnehmern in einer Gruppe organisatorisch zu erfassen, gar nicht aufkommen lassen. Die politischen Vereinigungen der Anarchisten müssen stets darauf bedacht sein, jeden einzelnen Genossen gleichberechtigt mit allen zur Geltung kommen zu lassen. Da keine Zentrale, keine Führerschaft im Sinne der Ueberordnung vorhanden ist, deren Macht sich im Verhältnis zur Zahl der ihr gehorsamen Anhängerschaft steigert, hat keine anarchistische Gruppe von der Aufnahme schwankender, unüberzeugter und herdenmäßig zusammenströmender Personen Nutzen zu erwarten. Da ferner keine Herrschsucht, kein persönlicher Ehrgeiz und kein Strebertum bei Anarchisten auf die Rechnung kommt, materielle Lebenssicherung nicht geboten wird, auch keine Aussicht auf Beförderung besteht, bleiben Leute, die auf den Schultern des Proletariats den Aufstieg zur Oberschicht vollführen möchten, der anarchistischen Bewegung von selbst fern. In nichtrevolutionären Zeiten ist daher an das Anwachsen anarchistischer Organisationen zu Aufnahmebecken von Massen nicht zu denken. Die Aufgabe dieser Vereinigungen erschöpft sich in der Pflege der Idee, der Kameradschaft, der Klärung widerstreitender Meinungen, der Erörterung aller Fragen, die die Arbeiterschaft, die Revolution und die freiheitliche Bereitung der sozialistischen Zukunft betreffen und in der beispielgebenden Ausgestaltung föderativen Organisationslebens. Daß dabei die Gefahr naheliegt, in unfruchtbarem Vereinsgeschwätz zu verknöchern, sich mit dem ewigen Schmoren im eigenen Fett zufrieden zu geben und den Zusammenhang mit der von Tagesfragen bewegten Arbeiterklasse zu verlieren, darf nicht verkannt und soll nicht verschwiegen werden. Diese Gefahr kann aber bei rechtem Verstehen der anarchistischen Lehre leicht vermieden werden, wenn die Genossen begreifen, daß der Kampf für eine Idee sich niemals außerhalb des Kampffeldes abspielen kann. Dazu braucht der Anarchismus nicht den Rahmen für Massenaufzüge und Massenschwüre abzugeben; aber er hat überall einzuwirken, wo die Massen aufmarschieren und Schwüre ablegen. Aufgabe der Anarchisten ist, ohne Eigennutz für die eigene Organisation alle Massenveranstaltungen zu beleben und zu ermutigen, alle Erregungen im öffentlichen Geschehen tätig zu beeinflussen, in alle revolutionären Stimmungen den Geist der Freiheit hineinzutragen. Ein Anarchist ist nicht derjenige, welcher die Marken eines anarchistischen Grüppchens klebt, sondern der, dem die Einheit von Persönlichkeit und Gesellschaft, das soziale Bewußtsein der Selbstverantwortung, der Gleichberechtigung, der freiwilligen gegenseitigen Verpflichtung, die Abkehr von Macht, Kapitalismus, Staat und Autorität zum Inhalt der Idee und zum Steuer des Verhaltens geworden ist.

Ob, in welcher Form und in welchem Umfang sich die Anarchisten in Gesinnungsverbänden organisieren, ist, sofern die allgemeinen Grundsätze gewahrt und das Entstehen von Autorität in den eigenen Reihen verhindert wird, von nebensächlicher Bedeutung. Um so schwerer wiegt die Frage, in welcher Weise der wirtschaftlichen Umgestaltung der Gesellschaft durch anarchistische Tätigkeit vorgearbeitet werden kann. Die politischen Arbeiterparteien bezichtigen die Anarchisten, sie seien in kleinbürgerlicher Denkart befangen, der materialistischen Dialektik unzugänglich – das ist die Lehre vom Zusammenfluß gegensätzlicher Erscheinungen zur höheren Einheit der aus nur ökonomischen Quellen gespeisten Gesellschaftsgeschichte –, sie wollten erst die Menschen bessern und nach der Läuterung aller Gemüter aus idealistischen Bausteinen die gerechtere Wirtschaft in Sozialismus und Kommunismus aufrichten. Das Gegenteil davon ist richtig. In krassem Gegensatz zu den marxistischen Zentralen lehnt gerade der Anarchismus jedes Bestreben ab, die Arbeiterschaft anders als in *Organisationen auf ökonomischer Grundlage* zu sammeln. Dialektisches Denken mag gut oder schlecht sein, das zu entscheiden gehört in den Aufgabenbereich der Philosophen.

Den Arbeitern hilft die Anwendung dieser oder jener Schulweisheit aus der Welt der begrifflichen Unwirklichkeit in ihren Kämpfen nicht das mindeste. Die Aufforderung, sie sollen bei allen Taten die geschichtlichen Gegenwirkungen vorsorglich mit in Rechnung stellen, ist eher geeignet, die Dialektik als Bremse in allen Unternehmungsmut einzuhängen. Ebenso verursacht die Teilnahme an der Gesetzgebung und der Versuch, auf die Regierungsgeschäfte des kapitalistischen Staates Einfluß zu nehmen, nur die Täuschung, die Umwälzung der Gesellschaft könne von anderen Kräften bewirkt werden als von der unter ökonomischen Gesichtspunkten klassenmäßig zusammengefaßten gesamten Arbeiterschaft und den entsprechend organisierten Bauern.

Der Einfluß der Anarchisten auf solche Zusammenfassung kann nur dadurch sichergestellt werden, daß ans Werk gegangen wird. Wie überall die Taktik der Anarchisten von dem Streben bestimmt sein muß, die sittlichen und praktischen Grundsätze der freiheitlichen Lehre zur Anwendung zu bringen, so müssen sie versuchen, schon in der Gegenwart Organe zu schaffen, die Pläne für die föderalistische Wirtschaftsführung der durch die Revolution reif werdenden Gesellschaftsordnung zu entwerfen haben. Dient die Werbung unter den Massen wesentlich dem Zweck, den Umsturz durch die Aufzeigung der Ungerechtigkeit und Widersinnigkeit der kapitalistischen Verhältnisse zu beschleunigen, dient die gewerkschaftliche und erzieherische Arbeit dem Zweck, sich unter den bestehenden Umständen ökonomisch und seelisch kampfbereit zu erhalten, so darf darüber das Ziel der kommunistischen Anarchie nicht aus dem Auge verloren werden. Die Ueberleitung zu diesem Ziel ist nach der Durchführung der politischen Revolution *die soziale Revolution.*

Die Empörung, die Erhebung, der Entscheidungskampf gegen die alte Gewalt, der Umsturz, die Errichtung revolutionärer Dienststellen, die Sicherung des Errungenen, die Niederhaltung widerstrebender und gegenrevolutionärer Kräfte, das alles gehört zum politischen Teil der Revolution. An welcher Stelle, mit welchen besonderen Aufgaben, mit was für Mitteln sich die Anarchisten in diesem Kampf von Klasse zu Klasse einzureihen haben, wird größtenteils Gewissenssache des einzelnen sein. Er wird seine Entscheidung unter dem Gesichtspunkt zu treffen haben, daß ihn die Zugehörigkeit zur ausgebeuteten Klasse zur restlosen kämpferischen Hingabe an die Klasse verpflichtet, daß er aber zugleich alle Anstrengungen zu machen hat, der Revolution ihren Charakter als international verbindliche Sache der Weltarbeiterschaft zu erhalten, die Selbstentschließung aller beteiligten Kräfte gegen den Anspruch ehrgeiziger, selbstsüchtiger, herrischer und staatlich gesinnter Personen oder Parteien zu verteidigen, die nach Regierungsgewalt über die Revolutionäre gieren, und der Entladung der von Ideen befeuerten Leidenschaften, das ist der sittliche Auftrieb der Revolutionen, die Schöpferlust nicht rauben zu lassen. Die Anarchisten müssen in der Revolution die Schützer der Freiheit sein.

Die soziale Revolution ist ein langwieriger Vorgang, der mit der Niederringung der herrschenden Macht beginnt und nicht endet, bevor die Ordnung der Freiheit nicht alle wirtschaftlichen und menschlichen Beziehungen durchdringt. Dazu bedarf es von der ersten Stunde an der Sicherung des Vertrauens des gesamten werktätigen Volkes zu den tatkräftigen Trägern des revolutionären Willens. Der überzeugungslose Zulauf der Massen zu den parlamentarischen Parteien bei Wahlen hängt von wechselvollen Umständen ab und flutet zwischen politischen und wirtschaftlichen Einflüssen, von launischen Stimmungen, marktschreierischen Schmeicheleien und Verleumdungen verwirrt, hin und her. Die gelegentliche Gewinnung der am wirklichen Kampf unbeteiligten Mehrzahl zur Unterstützung einer um die Beherrschung aller anderen bemühten Gruppe, auch wenn diese Gruppe sozialistische Versprechungen macht, bedeutet keine Einbeziehung der Gleichgültigen in den Kampf. Alle Zähldemokratie bedeutet nur die Vergewaltigung der Tätigen durch die Untätigen. Die Behauptung, die Arbeiter seien bereits die handelnde Kraft der Gesellschaft, sie hätten bereits sozialistische Schulung, sozialistischen Willen, Selbstvertrauen und kritisches Urteil genug, um die Wirkung ihrer Stimmzettel richtig zu bemessen, ist irreführende Lüge. Die ungeheure Ueberzahl der Arbeiter und aller von den Reichtümern Ausgeschlossenen hat gar kein Vertrauen zu sich selbst, aber auch sehr wenig Vertrauen zu denen, die sie nur darum mit Macht bekleiden, weil sie sich selbst die Ordnung der eigenen Dinge nicht glauben zumuten zu dürfen. Sie sind durch autoritäre Beeinflussung entmutigt, selber befreiende Unternehmungen zu wagen; sie sind aber von denselben autoritären Kräften dazu erzogen, befreiende Wagnisse anderer nicht zuzulassen. Darum bildet die Riesenzahl der am Kampf nicht unmittelbar teilnehmenden Schichten eine außerordentlich große Gefahr für den sozialen Sieg der politischen Revolution. Denn gegen den Willen dieser Mehrheit ist der endgültige Sieg nicht möglich. Die Revolution ist auf ihre mindestens abwartende Duldung bedingungslos angewiesen. Darum ist es notwendig, zunächst die Befürchtung der Passiven zu widerlegen, es könne, wie stets noch jede Aenderung, auch der Umsturz neue Belastung für sie bringen. Darüber hinaus aber muß die Zustimmung, allmählich dann die tätige Unterstützung der innerlich Unbeteiligten erreicht werden. Sie müssen zu der Einsicht gebracht werden, daß sie mit der Wahl der Machthaber, von denen sie regiert werden wollen, keine Ueberzeugung kundtun, sondern nur ihre Ueberzeugungslosigkeit als Schemel für ihre Unterdrücker selber zur Verfügung stellen. Sie müssen erkennen, daß die Regsamkeit jedes einzelnen im gesellschaftlichen Leben dem eigenen Nutzen dient. Denn solange die Machtgierigen von Ohnmächtigen gebeten werden, sie zu regieren, hat die Revolution noch nicht einmal die Voraussetzungen ihres Sieges geschaffen.

Die Macht der Ausbeuter zerbricht in der politischen Revolution. Deren stärkstes Mittel, der Generalstreik, führt die vollständige Lahmlegung der gesamten Wirtschaft herbei, erbringt damit zugleich für die beiseitestehenden Massen den Beweis, daß die kapitalistischen Mächte kein Brot geben können, wenn ihnen die Hände des Proletariats nicht dienstbar sind. Mit dem Augenblick aber, wo die Revolution gesiegt, das heißt, die Bestimmung über den öffentlichen Apparat erlangt hat, hat sie vor der abwartenden Masse die Pflicht, zu zeigen, daß das arbeitende Volk sehr wohl in der Lage ist, ganz unabhängig von den kapitalistischen Gewalten alles Lebensnotwendige herbeizuschaffen. Hier erwächst den Anarchisten, mögen ihre Organisationen noch so klein sein, die Aufgabe, Vorsorge zu treffen. Sobald die rote Fahne des revolutionären Proletariats auf den Staatsgebäuden erscheint, ist das das Zeichen, daß nun die Verantwortung für die Versorgung der Massen auf die Revolution übergeht. Da muß vorher berechnet und geregelt sein, daß unmittelbar nach Aufhören des allgemeinen Streiks Brot, Fleisch, Gemüse, Milch für jeden Tisch, Stärkung und Arznei für jedes Kind und jeden Kranken bereit ist. Die Zufuhr an allem lebensnotwendigen Bedarf darf keine Stunde verzögert werden. Nur wenn das gelingt, kann die Revolution die allgemeine Volkstümlichkeit gewinnen, ohne die sie dem Huf der Gegenrevolution oder der Verfälschung durch eine Machtzentrale erliegen muß. Es wird gelingen, wenn das flache Land der revolutionären Sache gewonnen ist und mit den Bauern Vereinbarungen getroffen sind, wie je nach den örtlichen Verhältnissen die Verpflegung der Städte durch die Dörfer zu organisieren ist. Solche Verständigung mit den Bauern und dem Landproletariat setzt voraus, daß die Landbevölkerung von der Ehrlichkeit der Revolutionäre überzeugt ist, nicht zu argwöhnen braucht, daß die Städter sie als notwendiges Uebel betrachten, mit dem man sich listig einzurichten habe, daß es proletarische Auffassungen gibt, nach denen den Bauern die Aecker nicht genommen, sondern überantwortet werden sollen, und daß sie nicht an Stelle der alten Herrschgewalten des Staates neuen ausgeliefert werden, sondern unabhängig von zentralen Gesetzgebungsgewalten die Fragen der Bodenverteilung und -bearbeitung selber entscheiden werden. Da der Anarchismus im Gegensatz zum Marxismus die Agrarrevolution für die Bedingung der industriellen und der gesellschaftlichen Gesamtumwälzung hält, überdies in der Abneigung gegen obrigkeitliche Verfügungen, Führeranmaßung und jeglichen Zentralismus mit der bäuerlichen Denkweise weitgehend übereinstimmt, erschließt sich seinen Anhängern hier ein fruchtbares Tätigkeitsfeld. An den Anarchisten ist es, die Bauern der Revolution zu gewinnen und sie der freiheitlichen Sache ergeben zu halten. Den Anarchisten fällt die Aufgabe zu, Kameradschaft zwischen Stadt und Land, gegenseitige Hilfe für den Augenblick der revolutionären Erprobung zu sichern und damit das Beste dafür zu tun, daß das Vertrauen auf die soziale Gerechtigkeit der Revolution ihrem Siege von Anfang an die Gunst und weiterhin die Unterstützung der gleichgültigen Massen einträgt.

Wie die Notwendigkeiten der Volksernährung in den revolutionären Kampftagen schon jetzt Gegenstand der Ueberlegung willensverbundener Menschen sein müßten, so sollten sich die Anarchisten die Aufgabe stellen, die wirtschaftliche Organisation der künftigen Gesellschaft in den Einzelheiten zu durchdenken und Vorarbeiten für die *Ueberführung der kapitalistischen zur sozialistischen Wirtschaft* zu leisten.

Die kindliche Vorstellung, mit der Besetzung der Betriebe durch die Arbeiter und ihre einfache Weiterführung unter eigener Leitung werde die Revolution den Uebergang zum Sozialismus schon bewerkstelligt haben, ist so unsinnig wie gefährlich. Die Besetzung der Betriebe ist gewiß ein ausgezeichnetes Kampfmittel des unmittelbaren Eingreifens, aber ein Kampfmittel vor dem Umsturz und zum Zwecke des Umsturzes. Nach geschehener Revolution bedarf es des vollständigen Umbaues der Wirtschaft. Die Betriebe jeder Art sind unter kapitalistischen Verhältnissen in Einrichtung und Organisation ausschließlich den Gewinnberechnungen der

Unternehmer angepaßt. Hier spricht keine Rücksicht auf das Verlangen der Menschen mit, keine Rücksicht auf die Erfordernisse der Gerechtigkeit, der Vernunft, auf Leben und Gesundheit von Arbeitern und Verbrauchern. Der Bedarf wird nur insofern in Betracht gezogen, wie er den Warenabsatz bei sicherem Nutzen für die Kapitaleinlagen bestimmt. Auch die Produktionsweise richtet sich, was Rohstoffbeschaffung, Massenherstellung von Einzelteilen, Behandlung von Halbfertigwaren, Beförderungsart usw. anlangt, nach Börsenabmachungen. Was aus den Waren wird, hängt nicht vom Begehren des Verbrauchers ab, sondern von Spekulationen der Fabrikanten, der Zwischenhändler und der Geldverleiher. Eine solche Wirtschaft, eine Wirtschaft, unter der die Mehrzahl der Menschen im ganzen Leben niemals zu einer auskömmlichen und gesundheitlich zweckmäßigen Lebensführung kommt, während gleichzeitig die Lager unter nicht verkäuflichen notwendigen Gebrauchsgütern zusammenbrechen, eine Wirtschaft, die viele Millionen ohne Arbeit in buchstäblichem Hunger verelenden läßt und die gleichzeitig wichtigste Nahrungsmittel verbrennt, ins Meer schüttet, in den Scheuern verfaulen läßt oder als Dünger verwendet, eine solche Wirtschaft läßt sich nicht einfach übernehmen und weiterführen. Sie muß von Grund aus umgestaltet werden. Diese Umgestaltung vorzubereiten, gehört zur praktischen Gegenwartsarbeit freiheitlicher Revolutionäre.

Ein Muster für solche Vorarbeit kann in dieser allgemeinen Wegweisung des Anarchismus nicht geliefert werden. Man muß statistische Vergleichungen vornehmen, um nach Landschaften und Bevölkerungsdichtigkeit den notwendigen Bedarf für Ernährung, Bekleidung, Behausung, Reinlichkeit und Gesundheit, Verkehr und Erholung festzustellen und danach einen Wirtschaftsplan zu errichten, der die zweckmäßigste Verteilung der Arbeitskräfte in Stadt und Land, die sichersten und erträglichsten Arbeitsmethoden und die vernünftigste Organisation der Zuleitung der Waren zu den Verbrauchern ermittelt. Danach kann errechnet werden, welche Betriebe bestehen bleiben, geschlossen, eingeschränkt oder erweitert werden müssen, welche Industrien neu zu schaffen oder zu beleben, in welcher Weise der Austausch, die Beschaffung von Rohmaterial, das Geld- oder Tauschwesen in der Uebergangszeit und späterhin für die Dauer zu ordnen ist. Ohne die gründlichste Beschäftigung mit allen diesen Fragen, deren endliche Lösung selbstverständlich dem Leben selbst vorbehalten bleibt, kämen die Arbeiter trotz aller revolutionären Siege niemals aus dem Lohnsystem heraus, kämen sie nie zu einer Befreiung vom laufenden Band und zur Freude an ihrer Arbeit, brächten niemals alle feiernden Hände in Tätigkeit und hätten weiterhin überfüllte Speicher und darbende Menschen.

Tausende von Zukunftsfragen türmen sich vor den Wegbereitern der Gegenwart auf. Mögen die anarchistischen Genossen die Zeit benutzen, in der die zentralistischen Parteien an den Paragraphen des kapitalistischen Systems herumflicken und mit den Faschisten Wettläufe zu den Staatspfründen veranstalten, die Schienenwege und Flußläufe auf ihre Eignung zu sozialistischer Verwendung zu prüfen, und die Möglichkeiten zu untersuchen, wie schnellstens alle arbeitenden, alten und kranken Menschen, wie alle Kinder und Frauen in gesunde Wohnräume überführt werden können, wie mit den Zwingburgen der Staatsknechtschaft, den Fürstenschlössern und Zuchthäusern, den Justizpalästen und Regierungsgebäuden zu verfahren ist, welche Anstalten der Kunst und des Wissens zu allgemeinen Bildungsstätten, welche Kirchen zu Versammlungsräumen, zu Orten wahrer Gemeinschaft und zu Schulen der Aufklärung gegen Autorität und Familie, oder zu Werbehallen der Freiheit verwandelt werden können. Der Boden des Sozialismus läßt sich schon in der Gegenwart ebnen, aber nur in freiwilliger Hingabe von sozialem Geist erfüllter, kameradschaftlich verbundener, der Revolution ergebener Persönlichkeiten.

Der anarchistische Gedanke wird von solcher vorsorgenden Arbeit den größten Vorteil haben. Das Beispiel einer nicht von oben befehligten Leistung im Dienste der Gesamtheit wird den Mut wecken, sich in allen Dingen lieber auf sich selbst als auf eine vorgesetzte Beamtenschaft zu verlassen. Denn die Anarchisten übergeben ihre durchdachten und sorgfältig errechneten Vorschläge nicht irgendwelchen Regierungsstellen, sondern der selbstverantwortlichen Arbeiterklasse insgesamt, die selber alles prüfen, selber verbessern, selber die Ausführung überwachen muß durch diejenigen Organe, welche sie selbst ausschließlich für diesen Zweck bestimmt, ohne sie deswegen auch nur zeitweilig aus der tätigen Gemeinschaft aller zu entlassen. Diese Organe werden die soziale Triebkraft der Revolution bedeuten, sie werden von der Stunde des Sieges an Wirtschaft und Verwaltung des Gemeinwesens in den Händen führen, sie werden in der Zeit des Ueberganges und während der ganzen Entwicklung der sozialistischen Arbeits- und Gesellschaftsformen die Ordnung der Freiheit betreuen und verbürgen, sie werden die kommunistische Anarchie schaffen und in der anarchistischen Gemeinschaft die Träger der Föderation der Arbeits- und Menschheitsbünde bleiben. Diese Organe sind *die freien Räte der Arbeiter und Bauern*.

Ueber Wesen, Sinn und Aufgaben des Rätesystems herrschen weithin die unklarsten Vorstellungen, und selbst in den freiheitlichen Arbeiterverbänden gibt es die widersprechendsten Auffassungen darüber, ob und in welcher Weise Räte zu schaffen seien und wirken sollen. Diese Verwirrung ist auf die Spitze getrieben durch die Uebernahme des Rätebegriffs in Staatsgesetze und kapitalistische Produktionsmethoden. Man hat, um der Forderung der Arbeiter, die Betriebseinrichtungen und das Arbeitsverfahren unter eigener Aufsicht zu halten, scheinbar entgegenzukommen, Belegschaftsausschüsse an den Arbeitsstätten zugelassen, ihren Mitgliedern den Namen Betriebsräte gegeben und damit eine revolutionäre Gesellschaftswurzel in die Saugpumpe der kapitalistischen Ausbeutung eingebaut. Zugleich hat man das dem Rätewesen gegensätzlichste System der parlamentarischen Auszähldemokratie benutzt, um die Zusammensetzung jener mit engsten Rechten ausgestatteten Kontrollausschüsse von Parteizentralen aus zu lenken und in ihrer Abhängigkeit zu halten. Selbst da, wo schon die Revolution unter der Losung „Alle Macht den Räten!" den Sieg der Arbeiter und Bauern brachte, wurden die Räte staats- und parteiuntertan und, statt das öffentliche Geschehen zu bestimmen und in sozialistischem Geiste zu leiten, zu bloßen Werkzeugen der Obrigkeit erniedrigt. Wenn, wie es hin und wieder vorkommt, Anarchisten hieraus den Schluß ziehen, die ganze Räte-Idee sei nunmehr als freiheitswidrig erwiesen, so begehen sie denselben Denkfehler wie jemand, der aus dem Gebaren der Staatsjustiz folgern wollte, es könne niemals ein gesellschaftliches Recht geben. Die Verfälschung eines Gedankens kann nicht den Gedanken selbst widerlegen.

Räte als die Träger der sozialistischen Gemeinschaft sind die Beauftragten aller am allgemeinen Werk beteiligten Menschen, durch die sich die Gesamtheit der Tätigen mit jeder einzelnen Person in den gesellschaftlichen Lebensprozeß einschaltet. In einer von Ausbeutung befreiten Zeit versieht ausnahmslos jeder Mensch, der sich nicht etwa selbst außerhalb des sozialen Geschehens stellt, Rätedienste. Nur für die Zeit des revolutionären Ueberganges müssen selbstverständlich diejenigen von aller Rätearbeit ferngehalten werden, gegen die sich die Revolution richtet. Da es erste Verpflichtung der Räte ist, die kapitalistische Ausbeutung abzuschaffen und das sozialistische Gemeinwesen zu verwirklichen, können Personen, die den Sozialismus gar nicht wollen, nicht zum Aufbau des Sozialismus herangezogen werden. In dieser Zeit fällt den Räten die besondere Aufgabe zu, die Zwangsmaßregeln der proletarischen Klasse durchzuführen, die zur Brechung gegenrevolutionärer Bestrebungen erforderlich sind und zu verhindern, daß sich unter Berufung auf Gefährdungen der Revolution neue Regierungsgebilde auftun, die von Rätemacht reden, um ihre eigne Macht dahinter zu befestigen, und die von einer Diktatur des Proletariates sprechen, um selber Diktatoren spielen zu können.

Die Anarchisten tun gut, sich des Ausdrucks *Diktatur des Proletariates* so wenig wie möglich zu bedienen, obwohl bei richtigem Auffassen des Rätebegriffs und ohne Hinterhältigkeit kaum etwas anderes darunter verstanden werden könnte als die Niederhaltung von Widerständen gegen die proletarische Revolution durch die proletarische Klasse. Die zwangsmäßige Unterdrückung gegenrevolutionärer Verschwörungen durch bewaffnete Bekämpfung, Revolutionsgerichte und jede andere geeignete Art von Sicherungsmaßnahmen ist solange nötig, wie die besiegte Klasse noch über Machtmittel verfügt und Angriffe auf die revolutionären Rechte der Arbeiterklasse zu befürchten sind. Eine revolutionäre Diktatur von Klasse gegen Klasse ist im Kampfzustand unerläßlich, aber diese Diktatur ist nichts anderes als die Revolution selbst. Jedoch kann keiner revolutionären Einzelperson, keiner Gruppe, keiner Partei und keiner Auslese der Revolution das Recht zugestanden werden, sozialistische Proletarier, sei es unter welchen Vorwänden immer, zu beherrschen und zu verfolgen. Die Marxisten verstehen unter Diktatur des Proletariates die Diktatur eines marxistischen Parteivorstandes, dem sie Regierungsgewalt auch über die Räte, das Recht zur Gesetzgebung, zur Steuererhebung und zu jeder Art Vertretung der Revolution, bis zu Kriegserklärungen und Verträgen mit auswärtigen Staatsregierungen zuerkennen. Dieser Parteiklüngel soll sich als herrschende Macht angeblich nur bis zur restlosen Durchführung des Sozialismus einnisten dürfen. Da hingegen jede zentralistische Regierungsgewalt Staat bedeutet, mithin Vordrängung von Autorität, Sonderstellung Bevorrechtigter, Anschlag gegen die Gleichheit, so ist solche Diktatur nichts anderes als neue Wegbereitung für eine unterdrückende Klasse, für neue Ausbeutung und für alle von der Revolution beiseitegeräumten Schäden. Die Durchführung des Sozialismus ist also unter solcher vorgeblich proletarischen Diktatur nie zu erreichen, und die neue Macht wird nicht eher abtreten, als sie nicht von einer neuen Revolution zugunsten der Räte endgültig verjagt ist.

Das Rätesystem schafft, und hier zeigt sich seine Uebereinstimmung mit den anarchistischen Grundsätzen, bei unverfälschter Anwendung keinerlei Beamtenschaft, keinerlei Sonderanspruch einzelner, keinerlei umfassende Machtvollkommenheit. Denn ein den Räten von der Gesamtheit erteilter Auftrag ändert in keiner Weise das gleichwertige Verhältnis zwischen Auftraggebern und Beauftragten. Die Räteorganisation ist die föderative Zusammenfassung aller arbeitenden und verbrauchenden Kräfte vom engsten Kreise der Interessenberührung hinauf bis zum weitesten Ausmaß wirtschaftlicher Verbindungen. In die Räteorganisation einbezogen ist jede einzelne Persönlichkeit, und die Entsendung dieses oder jenes Beauftragten zur Wahrnehmung dieses oder jenes Dienstes, zur Erörterung dieses oder jenes Planes, zur Beratung einer Frage mit örtlich entfernten Rätevertretern, zur Durchführung oder Ueberwachung eines von der Gesamtheit für notwendig befundenen oder beschlossenen Vorhabens, zur Begründung einer Meinung oder zur Prüfung eines Entwurfs von andrer Seite, räumt dem Entsendeten kein Vorrecht vor denen ein, die ihn entsandt haben und entbindet auch keinen der Auftraggeber von der Verantwortung für die Tätigkeit des Beauftragten. Alle Aufträge bleiben an den Willen derer gebunden, die ihn erteilen; wer ihn erhält, ist nichts als ausführendes Organ der Körperschaft, die ihm die Teilarbeit überträgt, für die sie ihn geeignet hält; er ist Willensvollstrecker einer bestimmten Gemeinschaft, der er selbst angehört, und zwar Willensvollstrecker für die bestimmte einmalige Aufgabe, die ihm übertragen ist. Die ungeheure Vielgestaltigkeit des gesellschaftlichen Lebens erfordert unzählige gesellschaftliche Dienstleistungen im kleinsten wie im größten, so daß die Aufteilung der gesellschaftlichen Pflichten in fortwährendem Wechsel alle Kräfte in Anspruch nimmt, alle unter ständiger Aufsicht aller stehen, jeder selbstverantwortlich und gesamtverantwortlich die Einheit von Gesellschaft und Persönlichkeit gewährleistet, wodurch die Gleichberechtigung aller und die gegenseitige Unterstützung in allen gemeinsamen Angelegenheiten gesichert wird. Jede Entsendung eines Beauftragten erfolgt unter dem Vorbehalt der Abberufung zu jedem Zeitpunkt der Dienstleistung, jede Uebernahme eines Dienstes ist freiwillig und erfolgt unter dem Vorbehalt des Verzichts, falls sich der Beauftragte der Aufgabe nicht gewachsen fühlt oder einen anderen für die Wahrnehmung des gemeinsamen Wohles geeigneter hält. Somit sind alle Wahlen, die einzelnen Personen für bestimmte Zeit allgemeine Vollmachten überantworten, zumal wenn sie unter parteilichen Gesichtspunkten erfolgen und von zentralen Stellen außerhalb der unmittelbar beteiligten Arbeitergruppe beeinflußt werden, parlamentarische Veranstaltungen, die mit der Räteorganisation der Gesellschaft nicht das mindeste zu schaffen haben. Räte im kapitalistischen Wirtschaftsverfahren gibt es nicht: Räte in der Revolution bilden sich aus dem Willen, das politisch und wirtschaftlich Notwendige von den Arbeitsstätten aus und unter Ausschaltung regierender Beamter in freiwilliger gegenseitiger Verständigung der Revolutionäre selbst zu tun; Räte nach dem Siege der Revolution sind die beschließenden und verwaltenden Organe der Gesamtheit, die die ganze Gesellschaft umfassen und das Gefüge der ganzen Gesellschaft zusammenhalten.

Der Aufbau der Räteorganisation stellt also keinerlei Fragen der Wahlberechtigung oder der Wählbarkeit, der direkten und indirekten oder der Verhältniswahl. Solange die Revolution noch um ihren Bestand zu sorgen hat, beschränkt sich die Teilnahme an der Bestimmung des öffentlichen Geschehens allerdings auf die Sozialisten, die die Revolution unter allen Umständen direkt zu ihren letzten Zielen der von Räten versehenen Ordnung der Freiheit in der klassenlosen Gesellschaft vorzutreiben entschlossen sind. Sie müssen sich von den Betrieben und von den Wohnbezirken aus unter völliger Zurückstellung aller früheren Richtungszwistigkeiten und unter entschiedenster Ausschaltung aller zudrängenden Einmischungen von gelernten Politikern und autoritären Besserwissern nach der Gemeinsamkeit ihres Einfluß- und Tätigkeitsgebietes zusammenfinden und die Beratungen und Pflichtverteilungen vornehmen, die der Pflege des neuen Geistes und der Einführung der neuen Gesellschafts- und Wirtschaftsformen dienlich sind. Dazu gehört die ineinandergreifende Wirksamkeit von Arbeiter- und Bauernräten zur Sicherstellung der allgemeinen Versorgung, wie überall Erzeuger und Verbraucher gemeinsames Vorgehen bei der Wirtschaftsführung anstreben müssen. Auf dem Lande muß durch Aufklärung und Werbung, keinesfalls aber mit gewaltsamer Bekehrung von den Städten aus der Rätegedanke einleuchtend gemacht werden, dergestalt, daß vor der Ermöglichung sozialistischer Gleichheit die Eroberung der Räte als Stützpunkte für das wirtschaftlich überlegene Großbauerntum verhindert wird. Wo noch Ausbeutung in irgendeiner Form stattfindet, dürfen die Räteorgane nur Werkzeug der Ausgebeuteten und Benachteiligten sein, müssen also, soweit es sich um Bauernräte handelt, vor allem die Kleinbauern, die Landarbeiter und die Dorfarmen umfassen. Die städtischen Arbeiter haben beim Aufbau der Rätegesellschaft besonders darauf Bedacht zu nehmen, daß der föderalistische Charakter der sozialistischen Organisation von allem Anfang an aufmerksam beobachtet wird. Ein Rätestaat, der eine zentrale Ueberstülpung der Räteorgane in bestimmten Gebietsgrenzen vornimmt, mißbraucht die Räte zu ihrer eigenen Entrechtung und Vernichtung. Eine Rätegesellschaft, eine Räterepublik – das Wort Republik bezeichnet keineswegs ohne weiteres eine Staatsform, sondern jede Selbstverwaltung eines Gemeinwesens durch das Volk – eine Rätewirtschaft ist nur als föderatives Gebilde zu denken und kann niemals ein Staat sein oder in einem Staatsganzen Platz finden.

Die Räterepublik baut sich von unten nach oben auf. Ihr eigentlicher Drehpunkt sind die städtischen und dörflichen Ortsräte. Sie können je nach Verhältnissen und Bedürfnis in gelegentlich oder regelmäßig zusammentretenden Einwohnerversammlungen die Tätigkeit der Betriebs- oder Ortsbezirksräte zur Kenntnis nehmen, erörtern, bemängeln, erweitern und zur Grundlage eigener Beschlüsse machen. Sie können für einzelne Zwecke Ausschüsse einsetzen, die Teilfragen behandeln und von sich aus unter allgemeiner wachsamer Kontrolle Einzelpersonen mit der Erledigung gebundener Aufträge betrauen mögen. Sie werden die gesundheitlichen, baulichen, verkehrstechnischen Fragen der Stadt oder des Dorfes entscheiden, die Schul- und Rechtsangelegenheiten, den Schutz der allgemeinen Einrichtungen, kurz alles unter sich abmachen, was natürlicherweise von den unmittelbar Beteiligten und Betroffenen an Ort und Stelle erfüllt werden kann. Zum Beispiel: die Justiz im Staate kann niemals Recht schaffen, weil sie nach zentralen Anweisungen zentrale Behörden über individuelle Handlungen aburteilen läßt. Gerechtigkeit kann nur da an der Rechtsprechung teilhaben, wo die sozial schuldig gewordene Persönlichkeit von ihresgleichen, mit den räumlichen und seelischen Voraussetzungen der Tat vertrauten Menschen ohne Bindung an einförmige Vorschriften vernommen, überführt und notfalls an weiterer Schädigungen des allgemeinen Wohls verhindert wird. In der Räterepublik steht der Gleiche vor Gleichen, vor Nachbarn und Genossen. Von der Gemeinde aus erstrecken sich die Räteverbindungen über die Nachbargebiete, über Provinzen und Länder und ohne nationale Einschränkung über den Erdkreis. Da mögen regelmäßige Rätekongresse in Provinziallandtagen oder gewerklichen oder sonst von Sonderbestrebungen geleiteten Reichs- und Weltzusammenkünften die jeweils tagesnotwendigen Vereinbarungen treffen, – der Rätegedanke wird dadurch zur geltenden Verhandlungsform erhoben, daß jeder Abgesandte nichts als Willensträger seiner örtlichen, beruflichen oder im Zielstreben verbundenen Entsender ist, denen er dauernd zur Rechenschaft verpflichtet bleibt, die ihm ihren Auftrag jederzeit entziehen und einen andern an seine Stelle berufen können. In der Zeit des revolutionären Ueberganges werden die örtlichen Räte und die Rätekongresse mehr als späterhin gezwungen sein, den gewandteren, rednerisch und organisatorisch begabteren Einzelnen zur Gewinnung der noch schüchternen, staatlich verkümmerten, im Selbstvertrauen ungeübten Menschen eine nicht ganz ungefährliche Rädelsführerschaft zuzugestehen. Da wird es Sache der Anarchisten sein, aufzupassen, daß hieraus keine Autorität, keine Machtführerschaft, kein Mißbrauch entsteht, und daß der revolutionäre Geist nie seine Sendung vergißt, der Geist der Freiheit zu sein.

Es wäre ein unsinniges Beginnen, über die Sichtbarmachung des vorgestellten Gesamtbildes einer Rätegesellschaft hinweg das ganze Räderwerk ihrer Organisation aus allen Einzelteilen zusammenbasteln zu wollen. Die Verwirklichung einer Idee gleicht selbst im vorbildlichsten Falle niemals den Träumen ihrer Vorkämpfer. Es muß daher genügen, für das Verstehen einer freiheitlichen Ordnung in der kommunistischen Anarchie die wichtigsten Grundbedingungen des Rätewesens gegenwärtig zu haben. Die Zusammensetzung der Räte geschieht nach den natürlichen Arbeits- und Lebensbeziehungen. Der Arbeiterrat einer industriellen Anlage, der zunächst wesenseins ist mit der Gesamtbelegschaft, regelt im Werk selbst die Verteilung der Pflichten nach der Art der Beschäftigung, berücksichtigt aber im Falle etwa der Beschlußfassung über einen Anbau die Wünsche und Bedenken aller verschiedenen Tätigkeitsgattungen, die mit dem Betriebe unmittelbar oder mittelbar verbunden sind. Es hätte also ein Betriebsrat sich zu bilden, dem Vertreter aller Abteilungen des Werkes, der Handarbeiter und der Buchhalter, der Pförtner und der Fenster- und Treppenreiniger anzugehören hätten, dazu Bautechniker und Maurer, Arbeiter von Werken, die mit dem betreffenden Betrieb in ständiger Verbindung stehen, gesundheitliche Gutachter, Frauen und Mädchen, die irgendwie besondere Interessen an dieser oder jener Festsetzung haben können, Vertreter der Gemeinde, in deren Bezirk der Bau entstehen soll, und wer sonst Anlaß haben möchte, die Sache der Seinen bei dem Plan zu verfechten oder seinem Rat nutzbar zu machen. In Angelegenheiten eines Krankenhauses haben billigerweise mitzureden Aerzte und Pflegepersonal, Hausbetreuer und Leichenbesorger, Kranke und deren Angehörige, Architekten und Handwerker. Die Anlage einer Landstraße geht die Anrainer an, die Nachbargemeinden, alle die Vorteil von dem Bau erhoffen und die Schaden von ihm befürchten, ferner Ingenieure, Arbeiter, Geometer, Elektrizitäts- und Wasserbautechniker, alle, die am Entwurf und an der Ausführung beteiligt sind, alle, die die örtlichen Verhältnisse beurteilen können, alle, die die Straße begehen und befahren werden. Hier bildet sich ein Rat aus Vertrauenspersonen aller dieser Interessierten, nur für den besonderen Zweck, unter ständiger Kontrolle arbeitend, jeder einzeln, gruppenweise oder im ganzen von den Interessierten jederzeit abberufbar und ersetzbar. Es scheint nicht nötig, weitere Beispiele einer solchen Gestaltung der öffentlichen Dinge vorzuführen. Jeder vermag selbst, dieses Verfahren der Beteiligung aller an allem in der Anwendung auf sämtliche gesellschaftliche Notwendigkeiten weiterzudenken und einzusehen, daß bei freiheitlichem Willen dies in der Tat das System ist, um die Ackerbestellung und den Warenaustausch, die Angelegenheiten des Verkehrs und die der Geistespflege im engen Kreise wie in weitem Umfange, von der Verständigung einiger Nachbarn bis zur Weltföderation in Gang zu halten und jeden zum Sachwalter aller, alle zu Sachwaltern jedes einzelnen zu machen bei voller Gleichberechtigung, bei voller Freiwilligkeit, ohne Vorrang und Macht.

Hat man das Wesen der Räte so als den Inbegriff des lebendigen Zusammenklangs von Persönlichkeit und Gesellschaft begriffen, dann verliert die Frage, ob die Forderung: *Alle Macht den Räten!* von Anarchisten erhoben werden dürfe, jeden Inhalt. Vielleicht ist es nicht günstig, das Wort Macht in irgendeinem Zusammenhange anzuwenden. Doch ist diese Forderung ja gerade in der Bedeutung entstanden, daß jede Staatsmacht gebrochen werden soll, daß alle bestimmende und ausführende Gewalt von der Revolution, also von der revolutionären Klasse, von der Arbeiter- und Bauernschaft, und von deren revolutionären Organen, den Räten, die wiederum die Gesamtheit der Werktätigen verkörpern, übernommen werden soll. Mit dem Lebendigwerden des Sozialismus schwinden die Klassen, und der Zwang der Revolution gegen die ihr widerstrebenden Gegenrevolutionäre der besiegten Klasse vermindert sich stufenweise fortschreitend bis zur völligen Rechtsgleichheit aller und ihrem Zusammenwirken in den Räten. Die Macht aller, ohne Unterschied an der Aufrichtung der staatlosen kommunistischen Gesellschaft Schaffenden, und dies wäre eben die Rätemacht, ist natürlich keine Macht mehr, da niemand da ist, über den sie geübt würde. Die Losung ist immerhin besser als die der proletarischen Diktatur, obwohl beide dahin gedeutet werden können, daß die proletarische Klasse im revolutionären Kampf keine Einwirkung kapitalistischer Kräfte auf das öffentliche Geschehen dulden wird. Da das Bekenntnis zur Diktatur des Proletariates aber das unterscheidende Merkmal aller Staatssozialisten geworden ist, die auch praktisch die Herrschgewalt eines Parteiklüngels daraus gemacht haben, und da die Losung „Alle Macht den Räten!" nur noch von autoritätsfeindlichen Sozialisten ausgegeben wird, ist die Sorge, hier solle die gestürzte Macht durch eine neue Macht ersetzt werden, überflüssig. Doch wäre es, um jede verwirrende Deutung auszuschließen, geraten, die Anarchisten einigten sich auf die Losung „Alles Recht den Räten!" – oder auch Alles den Räten, alles durch die Räte, oder, was wiederum dasselbe ist: „Alles für alle durch alle!"

Der Weg zur Anarchie führt nur über anarchistisches Verhalten. Denn Wirklichkeit wächst allein aus Verwirklichung. Das gilt für die Denk- und Tatarbeit zur Bereitmachung der Wirtschaft, das gilt in erhöhtem Maße für die Bereitmachung der Geister. Sollen aus den Menschen Räte werden, in gegenseitigem Vertrauen gleichberechtigt Ratholende und Ratgebende, Tatbereite und zur Tat Vereinigte, dann muß die Revolution woanders reifen als in dem bloßen Glauben, daß sich der Kapitalismus auf die Dauer nicht gegen den Hunger und das Elend der Menschen werde behaupten können. Er wird sich behaupten, solange er keinen Widerstand findet, der sich gegen seine sittlichen Grundlagen richtet, gegen die Autorität und ihre Verkörperungen, Staat, Kirche, Gesetz und Familie. Ein solcher Widerstand aber kommt nicht aus Verabredungen irgendwelcher Art, er kommt nicht aus wissenschaftlichen Lehren und nicht aus noch so kluger Taktik, er kann nirgends herkommen als aus dem beleidigten Gewissen des sozial bewegten Menschen. Zu den Aufgaben der Anarchisten gehört es daher, die Gefühle der Gerechtigkeit und der Freiheit, die jedem Menschen angeboren sind, aber dank der autoritären Erziehung durch Kirche, Schule und Militär und vor allem durch die Vaterschaftsfamilie großenteils verschüttet unter dem Bewußtsein liegen, wachzurütteln. An den Anarchisten ist es, begreiflich zu machen: Nicht die Not ist das schlimmste, sondern daß sie ertragen wird! Denn das Hinnehmen von Armut, während es Reichtum gibt, ist geistiges Versagen, ist Unempfindlichkeit der Seele gegen die Beleidigung, Werte schaffen zu müssen, an deren Genuß der Schaffende keinen Anteil hat, und von denen, für die sie geschaffen werden, unter Hungerdruck das Recht erbetteln zu müssen, zu solch ertraglosem Schaffen überhaupt zugelassen zu werden. Voraussetzung jedes Kampfes gegen die Beschimpfung des Menschen durch die Vorenthaltung der Produktionsmittel und durch die Staatssklaverei ist in viel höherem Maße als die Kenntnis von Entwicklungsgesetzen und ökonomischen Zusammenhängen der freiheitliche Stolz, der *den Ehrbegriff der Anarchisten* umschließt. Nur wenn Stolz, innere Freiheit und musterhafte Sauberkeit sich im Benehmen der Anarchisten untereinander und in der Beziehung zu den Vertretern anderer Ansichten offenbaren, ist Hoffnung, daß die Befreiung der Gesellschaft vom Staat gelingen und zum Aufbau einer föderalistischen, autoritätslosen Räterepublik führen kann. Anarchie ist nur von Anarchisten zu schaffen; die Anarchisten der Gegenwart, mögen ihrer viele oder wenige sein, müssen die Grundsätze der Anarchie täglich und stündlich zur Geltung bringen, soll die zukünftige Volksgemeinschaft Anarchie, sollen die Menschen der Zukunft Anarchisten sein. Darum muß in den Verbindungen und Verständigungen der Anarchisten zur Vorbereitung neuer Lebensverhältnisse auf strenge Gerechtigkeit im gegenseitigen Verhalten gesehen werden. Nie darf sich ein einzelner von seinen bevorzugten Gaben als Redner, Lehrer, Organisator, Anreger verleiten lassen, alle Initiative an sich reißen zu wollen. Nie darf sich eine Mehrheit herausnehmen, die Rechte der Minderheit zu schmälern. Das Ziel ist eine Gemeinschaft, die weder Mehrheiten noch Minderheiten, noch faule Ausgleichungen zwischen beiden kennt, wobei niemand zufriedengestellt wird; das Ziel ist eine Gemeinschaft, die überall einstimmige Entschlüsse ermöglicht, weil sie jeder Persönlichkeit erlaubt, sich an der rechten Stelle ins gemeinsame Ganze zu fügen. Freiwillige Bindung durch Vertrag und Kameradschaft läßt solche Uebereinstimmung aller in Wollen und Handeln in jeder Vereinigung und Genossenschaft zu, und der genossenschaftliche Geist, den die Anarchisten untereinander pflegen, wird den Genossenschaften und freiwilligen Uebereinkünften in Kultur und Wirtschaft der Zukunft die Wege zeigen und sie zugleich ebnen.

Erst recht muß das Verhalten der Anarchisten in der ideologischen Bekämpfung entgegengesetzter Meinungen vorbildlich ehrenhaft sein. Schmutzige Kampfmittel, Verdächtigungen, Verleumdungen, krumme Pfade zur Irreführung von Genossen und Feinden schädigen unter allen Umständen die überzeugende Stoßkraft einer Idee, deren Stärke ihre Reinheit ist. Die autoritären marxistischen Parteien legen auf die Moral im Kampfe keinen Wert. Sie geben von oben herunter an ihre Anhänger Richtlinien des Verhaltens aus, durch die sie glauben, Zucht und Gehorsam am besten sichern zu können. Die Befolgung dieser nach Umständen auswechselbaren Vorschriften nennen sie proletarische Disziplin, jede persönliche Gewissensprüfung vor der Eröffnung eines Kampfes um Gesinnungen lästern sie als bürgerliches Vorurteil. Mit dieser Art Unterscheidung von *proletarischer und bürgerlicher Moral* wird der gefährlichste und verwirrendste Unfug getrieben. Bürgerlichkeit bezeichnet nichts anderes als den gesamten Ideengehalt der durch die kapitalistische Wirtschaftsweise geschichtlich bestimmten Gesellschaftsform. Durch die Uebersteigerung der kapitalistischen Ausbeutungsformen und die Hochzüchtung des Imperialismus, das ist die Aussaugung abhängig gemachter Fremdgebiete für Gewinnzwecke der Kapitalisten des erobernden Staates, hat sich der Ideengehalt der gegenwärtigen Gesellschaftsform teilweise derartig entsittlicht, daß die auf sozialem Rechtsgefühl gegründete natürliche Moral der Menschen revolutionäre Abhilfe heischt. Wird unter proletarischer Moral die Moral der Gleichheit und Gegenseitigkeit verstanden, die sich der unsozialen Macht mit dem revolutionären Zorn des Beleidigten und Entrechteten entgegenwirft, so ist hier die sittliche Unterscheidung von einer Bürgerlichkeit am Platze, die da meint, ihre eigennützigen Versklavungsmethoden mit jeder Roheit, jeder Tücke und jeder seelischen Verknechtung verteidigen zu dürfen. Wird aber den Proletariern gesagt, in ihrem Kampfe gegen Unterdrückung und Schändung seien Lüge und Verleumdung, Hinterlist, Doppelzüngigkeit und Verräterei erlaubte und gegebenenfalls sogar innerhalb der eigenen Richtungskämpfe gebotene Klassenwerkzeuge, so kann nicht vernehmlich genug betont werden, daß hier die Verfallsmoral des Bürgertums Blasen treibt, gerade die Verfallsmoral, die die Revolution gegen das Bürgertum notwendig macht. In gewaltsamen Auseinandersetzungen bestimmt der Feind die Waffen, die gegen ihn geführt werden müssen. Aber da werden die Waffen offen getragen, und die Moral ist bei dem Teil, der für die gerechtere Sache kämpft. Im Ideenkampfe dagegen ist die Moral bei dem Teil, der ohne Falsch ist und die Fahne der reinen Ueberzeugung vor sich herträgt. Die Anarchisten weisen eine Moral weit von sich, die die ursprünglichen Begriffe von Recht und Unrecht verleugnet. Das ist keine proletarische Moral, das ist Arglist und Untreue, die auch nicht Wesensmerkmal der Bürgerlichkeit schlechthin ist, sondern Ausdruck ihrer Verdorbenheit im bloßen Materialismus. Soll das Proletariat die Erneuerung des menschlichen Rechtes bringen, so muß es das Recht zu seiner Sendung in seinem sittlichen Verhalten pflegen und bereit finden. Die zentralistischen Parteien indessen sammeln Proletarier um sich, denen sie mit schönen Worten zum Munde reden; aber hinter ihren Worten verbergen sich Machtabsichten, und diese Machtabsichten verdecken Lügen, die die Arbeiter zu ganz andern Zwecken in den Kampf vortreiben als sie selbst denken. Diese Parteien erklären Lügen und Hinterhältigkeiten für einwandfreie List und betrügen, indem sie die Kämpfer zu Betrug verführen, die Kämpfer selbst. Den Abscheu dagegen, daß man Mißerfolge zu Erfolgen umlügt, verspotten sie als bürgerlich. Da es aber noch viele Bürger gibt, in denen das Gerechtigkeitsgefühl keineswegs abgetötet ist, die daher aus ihrem natürlichen Empfinden heraus im Augenblick der Entscheidung einer von Idealen getragenen Revolution leicht gewonnen werden könnten, stärkt die sittliche Unzuverlässigkeit bei den Proletariern die herrschende Klasse sogar moralisch, stößt die menschlich Sauberen vom Bündnis mit dem Proletariat zurück und zersplittert die arbeitende Klasse durch gegenseitiges Mißtrauen und erbärmlichen Bruderzwist. Die Lüge ist die natürliche Notwehr Machtloser, um die Möglichkeiten der Macht einzudämmen und der Autorität auszuweichen. Kinder belügen ihre Eltern, Eheleute belügen einander, Schüler, Rekruten, Untergebene, Fromme belügen die Lehrer, Feldwebel, Vorgesetzten, Geistlichen, weil sich ein gesundes Freiheitsgefühl gegen die

Zumutung aufbäumt, Rechenschaft in Dingen ablegen zu sollen, die man mit sich selbst abzumachen hat. Da sündigt nicht der Lügner, da sündigt der Belogene gegen die Wahrheit; denn wo Macht ist, findet die Wahrheit keine Luft zum Atmen. Wo aber gelogen wird, um Macht zu erringen, da ist die Lüge ein Anschlag auf die Freiheit, und die Revolution wird den Sozialisten die Aufgabe stellen, nicht allein die Machthaber des alten Systems zu vertreiben, sondern die Führer des Proletariats zur Rechenschaft zu ziehen und keinen von ihnen zur Mitarbeit am neuen Werden zuzulassen, der je die Menschen getäuscht hat, welche ihm Glauben schenkten, wenn er von Freiheit sprach, der je die Versicherung abgab, er sei nur dienendes Organ seiner Auftraggeber und den Vorbehalt verschwieg, daß er es war, um ihr Beherrscher zu werden.

Duldsamkeit untereinander und Wahrhaftigkeit gegen alle ist Bedingung zum Siege. Die Ordnung der Freiheit hängt ab von der Aufrichtigkeit aller, die die Freiheit errichten wollen. Aus Lippenbekenntnissen entsteht keine neue Welt. Die Anarchisten, die die neue Welt der Freiheit, der Gleichheit, der Gegenseitigkeit, der Gerechtigkeit, der Wahrhaftigkeit und der Verbundenheit aller mit allen schaffen wollen, müssen ihre Bekenntnisse in Taten kleiden. Das heißt, sie müssen ihr Leben führen, wie sie wünschen, daß es in der staatlosen Gesellschaft des Kommunismus von allen zu führen sei. Die Forderung ist nicht, daß jemand aus der kapitalistischen Fron ausbrechen sollte oder könnte: das Joch des Staates kann nur in gemeinsamem Kampf gebrochen werden. Daher ist die Verletzung der Staatsgesetze keine Forderung des täglichen Lebens. Aber eine Heiligkeit der Gesetze gibt es so wenig wie eine Heiligkeit des Eigentums. Hochachtung vor den Gesetzen und den Staatsmächten kann von niemandem verlangt werden. Für den Anarchisten ist das Gesetzbuch ein Fahrplan, um in der Gesellschaft die nötigen Anschlüsse zu finden, in der er bis zur Revolution wohl oder übel leben muß, weiter nichts. Aber der Anarchist geht keine freiwilligen Verpflichtungen ein, die seine Selbstbestimmung beeinträchtigen oder ihn einer Autorität unterwerfen können. Er hat in keiner Kirche etwas zu suchen und bekleidet keine staatlichen Ehrenämter. Wird er gezwungen, als Geschworener oder Schöffe den Richter über andere Menschen zu spielen, so urteilt er nach seinem sozialen Gewissen, das dem Staat das Recht bestreitet, Unglückliche zu bestrafen, die über die vom Kapitalismus gelegten Fallstricke gestrauchelt sind. Soll er gezwungen werden, in den Krieg zu gehen, um für fremden Vorteil seinesgleichen zu töten, so weigert er sich, es zu tun und stirbt lieber für die eigene Ueberzeugung als für das Geschäft seiner Quälgeister. In seinem Hause übt er keine Autorität, noch duldet er sie. In den Dingen des Geschlechts geht er die Wege, die er für richtig hält, ohne sich darum zu kümmern, welche Wege andere Menschen gehen. Keine Frau gehört einem Mann, kein Mann gehört einer Frau. Was zwei mündige Menschen in der Verschwiegenheit tun, um einander zu erfreuen, ist niemals Sache eines Dritten, nicht des Ehemanns noch der Ehefrau nicht des Nachbars noch des Genossen, nicht der Kirche noch des Staates. Anarchist und Anarchistin sind nicht Beherrscher ihrer Kinder, sondern ihre Kameraden und Helfer. Wer seine Kinder prügelt, mißbraucht seine körperliche Ueberlegenheit zur Errichtung eines Machtverhältnisses, festigt dadurch die Macht und Autorität von Staat und Kapital und verseucht, indem er den Machtwahn in sein Kind hineinschlägt, auch das Geschlecht der Zukunft. Der Anarchist glaubt nicht an Götter noch an Gespenster, nicht an Priestersprüche noch an die Behauptungen der Wissenschaftler, die er selbst nicht nachprüfen kann. Er fragt nicht nach dem Klatsch der Straße noch nach der Mode in den Angelegenheiten der Kunst und der Weltanschauung. Er geht seinen Weg geradeaus, verantwortlich sich und seinem Gewissen, verantwortlich der Menschheit, die er eins weiß mit sich und seinem Gewissen. Er tut das Rechte, da er weiß, was Recht ist. Denn Recht und Freiheit ist das gleiche, wie Gesellschaft und Persönlichkeit das gleiche ist. Aus dem Recht wächst die Gleichheit des Kommunismus, aus der Gleichheit die Freiheit der Anarchie!

Literatur-Übersicht

Die Aufzählung aller anarchistischen Bücher und Schriften würde eine eigene Broschüre füllen. Hier konnten nur Werke berücksichtigt werden, welche sich unmittelbar mit den Lehren oder der Geschichte des freiheitlichen Sozialismus und des individualistischen und syndikalistischen Anarchismus beschäftigen. Auch da konnte nur eine geringe Auswahl getroffen werden. Alles Wertlose, auch wenn es größere Auflagen erzielt hat, blieb unerwähnt. Die mit * bezeichneten Schriften sind noch im Handel und können durch die Geschäftsstelle des „FANAL" bezogen werden. Das übrige muß durch Antiquariate beschafft oder von öffentlichen Büchereien ausgeliehen werden.

Andrews, Pearl, St.: Die Wissenschaft von der Gesellschaft.

Arschinoff, P.: Die Geschichte der Machno-Bewegung.*

Baginski, Max: Syndikalismus.*

Bakunin, Michael: Werke. Band I, Band II, Band III.*

– Gott und der Staat.*

– Die Pariser Kommune und der Begriff des Staates.

– Briefwechsel mit Herzen und Ogarjew.

Bauer, Edgar: Der Streit der Kritik mit Kirche und Staat.

Berkman, Alexander: Die Tat.*

– Die russische Tragödie.*

– Die Kronstadt-Rebellion.*

Borgius: Ideenwelt des Anarchismus.*

Brupbacher, Fritz: Marx und Bakunin.*

Cahn, Berthold: Sollen sich Anarchisten organisieren?*

Diehl, Karl: P. J. Proudhon, sein Leben und seine Werke.

Domela, Nieuwenhuis F.: Die freie Erziehung.

Eltzbacher, Paul: Der Anarchismus.

Engländer, Sigmund: Geschichte der französischen Arbeiter-Assoziationen.

Ferrer, Francesco: Die freie Schule.*

Gesell Silvio: Die Ausbeutung, ihre Ursachen und ihre Bekämpfung.*

Godwin, William: Das Eigentum.*

Grün, Karl: Die soziale Bewegung in Frankreich und Belgien.

Kater, Fritz: Die Entwicklung der deutschen Gewerkschaftsbewegung.

Kropotkin, Peter: Worte eines Rebellen.

– Die Eroberung des Brotes.*

– Landwirtschaft, Industrie und Handwerk.*

– Memoiren eines Revolutionärs *

– Gegenseitige Hilfe in der Tier- und Menschenwelt.*

– Die historische Rolle des Staates.*

– Der moderne Staat.*

– Der Anarchismus in Rußland.*

– Der kommunistische Anarchismus.*

– Anarchismus und Syndikalismus.*

– Gerechtigkeit und Sittlichkeit.*

– Die französische Revolution.*

– Die Ethik.*

– Der Anarchismus. Seine Philosophie. Sein Ideal. *

Krtschal, August: Zur Geschichte der Arbeiterbewegung in Oesterreich.*

Landauer, Gustav: Ein Weg zur Befreiung der Arbeiterklasse.

– Von Zürich nach London.

– Aufruf zum Sozialismus.*

– Rechenschaft.*

– Der neue Mensch.*

– Beginnen.*

– Die Revolution.

– Gustav Landauer. Ein Leben in Briefen.*

Liber, B.: Kind und Elternhaus.*

Light, de: Anarchismus und Revolution.*

Luitjes, T.: Anarchismus und Generalstreik.

Mackay, J. H.: Die Anarchisten.*

– Die Freiheitsucher.*

– Max Stirner. Sein Leben und sein Werk.

Malatesta, Errico: Die Anarchie.

– Unter Landarbeitern.*

– In Wahlzeiten.*

Marr, Wilhelm: Das Junge Deutschland in der Schweiz. Ein Beitrag zur Geschichte der geheimen Verbindungen unserer Tage.

– Der Mensch und die Ehe vor dem Richterstuhl der Sittlichkeit.

Merlino, Saverio: Die Irrlehren und Irrwege der Sozialdemokratie.

– Was wollen die Anarchisten?

Meyer-Wichmann, Cl.: Die Grausamkeit der herrschenden Auffassung über Verbrechen und Strafe.

Most, Johann: Die Gottespest.

– Die Eigentumsbestie.

– Die freie Gesellschaft.

– Vive la Commune!

– Der Narrenturm.

– Der Stimmkasten.

– Zwischen Galgen und Zuchthaus.

– Der kommunistische Anarchismus.

– August Reinsdorf und die Propaganda der Tat.

– Unsere Stellung zur Arbeiterbewegung.

– Acht Jahre hinter Schloß und Riegel.

– Revolutionäre Kriegswissenschaft.

– Memoiren. Vier Bändchen.

Mühsam, Erich: Staatsräson. Ein Denkmal für Sacco und Vanzetti.*

– Die Befreiung der Gesellschaft vom Staat. Was ist kommunistischer Anarchismus?*

Mülberger, Artur: Studien über Proudhon.

– Proudhon. Leben und Werke.*

Müller-Lehning, A.: Die Sozialdemokratie und der Krieg.*

Nettlau, Max: Michael Bakunin.

– Errico Malatesta. Das Leben eines Rebellen.*

– Vorfrühling der Anarchie.*

– Der Anarchismus von Proudhon zu Kropotkin.*

– Anarchisten und Sozialrevolutionäre.*

– Elisée Reclus, Anarchist und Gelehrter.*

Orobon-Fernadez: Sturm über Spanien.*

Oerter, Fritz: Die freie Liebe.*

Oerter Sepp: Acht Jahre im Zuchthaus.*

Oestreich, Rudolf: Mann der Arbeit, aufgewacht!*

– Das wahre Gesicht der herrschenden Klasse.*

Parsons, Albert: Der Anarchismus, seine Philosophie und wissenschaftliche Grundlage.

Peukert, Jos.: Gerechtigkeit in der Anarchie.

– Erinnerungen eines Proletariers in der revolutionären Arbeiterbewegung.

Pieron, E.: Gibt es Gerechtigkeit?

Proudhon, P. J.: Was ist das Eigentum?

– Die Widersprüche der Nationalökonomie oder die Philosophie der Not.

– Revolutionäre Ideen.*

– Bekenntnisse eines Revolutionärs.*

– Die Gerechtigkeit in der Religion und in der Kirche.

Ramus, Pierre: William Godwin, der Theoretiker des kommunistischen Anarchismus.

Reclus, Elisée: Evolution und Revolution.

– Die Anarchie.*

Rocker, Rudolf: Johann Most. Das Leben eines Rebellen.*

– Anarchismus und Sozialdemokratie.*

– Zur Geschichte der parlamentarischen Tätigkeit in der modernen Arbeiterbewegung.*

– Ueber das Wesen des Föderalismus im Gegensatz zum Zentralismus.*

– Der Bankrott des russischen Staatskommunismus.

– Der Kampf ums tägliche Brot.*

– Die Rationalisierung der Wirtschaft und die Arbeiterklasse.*

Roller, Arnold: Der soziale Generalstreik.

– Die direkte Aktion.

– Miguel Angiolillo und die Geschichte der revolutionären Arbeiterbewegung in Spanien.

Ruest, Anselm: Max Stirner. Leben, Weltanschauung, Vermächtnis.

Saitzeff, Helene: William Godwin und die Anfänge des Anarchismus im 18. Jahrhundert.

Sanftleben, Alfred: Utopie und Experiment.

Simon, Helene: William Godwin und Mary Wollstonecraft.

Souchy, Augustin: Wie lebt der Arbeiter und Bauer in Rußland?*

Spies, August: Autobiographie.

Steinle, E.: Das Endziel des Anarchismus.

Stirner, Max: Der Einzige und sein Eigentum.*

– Kleinere Schriften.

Thompson, William: Verteilung des Reichtums.*

Tolstoi, Leo: Die Sklaverei unserer Zeit.*

Tucker, Benjamin: Staatssozialismus und Anarchismus.

– Sind Anarchisten Mörder?

– Der Staat und seine Beziehungen zum Individuum.

Waldecke, St. Ch.: Gedanken über Anarchie.*

Weidner, Albert: Aus den Tiefen der revolutionären Berliner Arbeiterbewegung.

Yarros, V., und Holmes, E.: Die Frauenfrage.

Zoccoli, H.: Die Anarchie.